Jörg Müller

Die infantile Gesellschaft

Wie unsere Erziehung ein gesundes Selbstwertgefühl verhindert

www.steinkopf-verlag.de

ISBN 978-3-7984-0793-0

Einbandgestaltung: Florian Huber, Thalhausen

Ich danke meinen Eltern für ihre geduldige Erziehung: Sie haben mir und meiner Schwester Freiheit gelassen in unseren Entscheidungen, unsere Fehler nicht bestraft. Sie haben mit uns gesprochen, wenn es Probleme gab. Sie waren nie nachtragend und vermittelten uns den Mut zum Leben. Und an mich haben sie auch dann noch geglaubt, als meine Lehrer mich aufgaben.

Selbstachtung entsteht durch Erziehung zur Würde

Der fünfjährige Peter will einen Nagel in die Wand schlagen. Doch seine Mutter unterbindet das: „Untersteh dich! Leg den Hammer weg! Das macht heute Abend der Papa."

„Aber ich kann das auch, Mama."

„Das gibt nur Ärger. Nachher ist die Wand kaputt, dein Finger blutig und dann gibt es Geschrei."

Peter ist sauer.

„Jetzt stell dich nicht so an! Und zieh nicht so einen Schmollmund! Wie sieht das denn aus?"

Peter verlässt das Zimmer. Seine Wut auf die Mutter steigert sich. Er tritt mit dem Fuß gegen einen Stuhl.

„Bist du jetzt völlig ausgerastet?"

„Ich bin nur wütend. Alles verbietest du mir."

„Was meinst du, was los ist, wenn du mit dem Hammer auf deinen Daumen schlägst? Das Gezeter will ich hören!"

„Willst du nicht. Ich darf keinen Nagel reinschlagen, ich darf mir nicht wehtun, ich darf nicht schreien, ich darf nicht wütend sein. Was darf ich eigentlich?"

Und dann nach einer Pause:

„Wenn ich einen Grund habe, möchte ich wütend sein. Und du sollst nicht immer sagen, ob mein Grund gut ist oder nicht."

Ein fünfjähriges Kind erfasst mit klaren Ich-Botschaften den Kern des Problems; es trifft den Nagel zwar nicht in der Wand, aber auf den Kopf. Seine Mutter verbietet zu viel, traut ihm wenig zu, entscheidet über die Rechtmäßigkeit seiner Gefühle. Sie spricht fast nur mit Ausrufezeichen, jene imperativische Erziehung, die von oben herab auf die kindliche Seele drückt. Dabei wird diese Mutter, stellvertretend für Millionen Mütter unseres Landes, wahrhaftig glauben, dass sie es doch nur gut meint und das Beste will. In Wirklichkeit vollzieht sich hier das tägliche Machtspiel, in dem die Erzieher vorläufig Gewinner sind, aber nur vorläufig; die Folgen stellen sich später ein: Aufmüpfigkeit oder Resignation.

Es ist eine seltsame Pädagogik, die dem Irrtum erlegen ist, Übergabe von Verantwortung bedeute Verlust an Macht.

Drehen wir den Vorgang zurück und werden nun Zeugen einer anderen Szene, in der die Mutter ihren Sohn gewähren lässt, nachdem sie ihn vor möglichen Folgen gewarnt hat. Prompt schlägt sich Peter auf den Daumen. Er weint.

„Da haben wir es! Ich habe es dir gesagt. Aber der Herr will ja nicht hören. Jetzt hast du die Strafe dafür. Und heul nicht!“

Wieder diese Ausrufezeichen! Und wieder das Verbot der Gefühle. Wen wundert es noch, dass angesichts einer solchen Erziehung das Selbstwertgefühl des Kindes auf der Strecke bleibt. Peter hat eine wichtige Erfahrung gemacht, die von seiner Mutter nicht gewürdigt wird. Stattdessen beschimpft sie ihren Sohn und schiebt den Satz nach: „Das soll dir eine Lehre sein!“ Hinter dieser Bemerkung verbirgt sich allerdings keineswegs eine wertvolle pädagogische Empfehlung, sondern eher eine triumphale Bestätigung ihrer Warnung.

Versuchen wir nun eine dritte und erzieherisch richtige Variante:

„Gib Acht, Peter, dass du dir nicht auf die Finger haust! Der Hammer ist ziemlich groß.“

„Ja, Mama, ich pass schon auf.“

Doch dann passiert es: Peter beschädigt nicht nur die Wand, er trifft auch noch seinen Daumen. Jetzt kommen die Tränen.

„Komm her, Peter, halt den Finger unters kalte Wasser. So was passiert mal. Es ist nicht ganz einfach, mit einem schweren Hammer einen so kleinen Nagel in die Wand zu schlagen. Jetzt hast du gesehen, dass sie aus Gips ist. Da muss man vorher bohren, sonst zerbröselt das Loch. Das macht heute Abend Papa."

Peter hört auf zu weinen. Er fühlt sich verstanden und hat eine sehr wichtige Erfahrung gemacht. Sein Selbstbewusstsein ist nicht angegriffen; er hat etwas dazugelernt. Und seine Mutter hat dieses Lernen nicht bestraft.

Eine solche Pädagogik ist nur möglich bei Erziehern, die ihre eigene Würde behalten haben und nicht von irgendeiner Angst getrieben werden, alles verbieten, bestrafen oder mit schulmeisterlichen Kommentaren beschämen zu müssen.

Es ist erschreckend zu beobachten, wie viele Eltern und Lehrer Kinder wie Jugendliche sogar vor deren Kameraden anschreien, beschimpfen und so deren Würde beschmutzen. Dass diese Kinder später im Erwachsenenalter ihrerseits den eigenen Nachwuchs, ja auch den Ehepartner vor den Augen und Ohren anderer Menschen zurechtweisen und als üble Zeitgenossen outen (siehe Talkshows), überrascht nicht. Wer keine Selbstachtung besitzt, kann auch andere nicht achten. Wer mit sich selbst nicht fertig wird, macht andere fertig.

Wir werden noch sehen, wie viel der Verlust der Scham mit dem Mangel an Selbstachtung zu tun hat. Und wieso bei einer beschämenden Erziehung die Scham verloren gehen kann.

Eine Mutter, die ihre Tochter im Angesicht ihres Freundes zur Ordnung ruft und deren Charakterschwächen tadelt, muss sich nicht wundern, dass die Tochter versucht, die geweckte Scham durch schnippische Antworten zu kompensieren. Ich habe es meinen Eltern immer hoch angerechnet, dass sie mich niemals vor meinen Freunden tadelten. Erst als diese gegangen waren, folgte das unvermeidliche Gespräch.

Im Internat wurden wir gezwungen, alles zu essen, was auf den Tisch kam. Merkwürdigerweise übernahmen selbst jene Tischpräfekten diese Auffassung, die sich als Schüler der unteren Klassen einstmals gegen diesen Zwang erhoben hatten. Jetzt wurden sie zu Handlangern des Direktors, der von Tisch zu Tisch ging, um allen Verweigerern die ungeliebte Portion eigenhändig auf den Teller zu legen. Ich mochte fettes Fleisch nicht, also weigerte ich mich. Ich mochte auch kein Lauchgemüse. So kam es zu Machtkämpfen zwischen dem Tischpräfekten, einem Oberschüler, und mir. Ich habe stets gewonnen, weil mein Trotz stärker war als die Angst vor den Konsequenzen.

Als ich dann selber Präfekt wurde, sagte ich meinen Tischgenossen, dass ich sie zu nichts zwingen würde. Das erzürnte den Direktor so, dass er an meinen Tisch kam und jedem, auch mir, alles auflud, was Brechreiz hervorrief. Tatsächlich musste sich ein Schüler übergeben. Ein anderer steckte in Panik das Fleischstück in seine Hosentasche, um es später in der Toilette wegzuspülen. Dieses entwürdigende Spiel fand erst dann ein Ende, als ich beim Direktor vorstellig wurde und massiv dagegen anging. Als er meinte, er wisse, was für uns gut sei, bin ich vollends ausgerastet:

„Wieso können Sie wissen, was in unseren Köpfen, Seelen und Mägen vor sich geht? Mit diesem Zwang erzeugen Sie nur Gegenwehr. Einen solchen Machtkampf werden Sie auf Dauer nicht gewinnen. Entweder Sie wecken in uns Trotz aus Wut oder Unterordnung aus Angst. Ich persönlich entscheide mich für den Trotz." Dann verließ ich sein Büro.

Von da an war das Thema vom Tisch. Das fette Fleisch auch.

In den südlichen Ländern kennt man keinen Zwang zum Essen, zum pünktlichen Schlafengehen oder zum Mundhalten. Ich habe es nie begriffen, worin der Vorteil liegt, wenn ein Kind zu einer festgelegten Zeit zum Schlafengehen genötigt wird. In Italien, Spanien, Afrika laufen die Kinder noch mitternachts auf den Straßen herum. Da würde es keinem einfallen, einen Machtkampf anzuzetteln. Und tatsächlich ist mir keinerlei Schaden bekannt, der durch das späte Zubettgehen hervorgerufen worden sein soll. Sobald nämlich ein junger Mensch den Nachteil des Schlafmangels zu spüren bekommt, lernt er daraus. Er lernt aus Erfahrung. Warum aber soll Erfahrung verhindert und dann noch bestraft werden? Im Übrigen ist die Auffassung, der Schlaf vor Mitternacht sei der beste, längst als populärer Irrtum entlarvt worden.

Die Würde eines Menschen ist unantastbar, heißt es in unserer Verfassung. Dennoch wird sie täglich millionenfach getreten. Diese bereits am Kind praktizierte Missachtung hat zur Folge, dass es kein gesundes und stabiles Selbstwertgefühl entwickeln kann. Wir werden sehen, auf welche Weise derartige Missachtungen beim Kind geschehen, und zwar durch Erzieher, die ihrerseits Opfer eines manipulativen Klimas wurden und unbewusst jenes Denken und Tun verinnerlichten, das man ihnen mit Ausrufezeichen, Verboten, Drohungen und Liebesentzug beigebracht hat.

Eines Tages kamen die Eltern pubertierender Söhne zu mir. Sie beschwerten sich über die Faulheit des einen, die Frechheit des anderen und die Unordentlichkeit des dritten. Im Gespräch mit den Söhnen allein warfen diese dem Vater vor, dass er nie für sie da sei und im Fall von Strafmaßnahmen stets und ausschließlich ihr Taschengeld kürze. Der Vater, von mir befragt, verneinte dies. Doch seine Frau gab den Söhnen recht. Insgesamt hatte ich den Eindruck, dass in dieser Familie mehr geschimpft und abgeblockt als ermutigt und anerkannt wurde. Auf meine Aufforderung hin, positive Eigenschaften des anderen zu nennen, entstand erst einmal Verlegenheit. Da kam nicht viel. Als ich die Burschen bat, dem Vater ein Feedback zu geben, sagte der Jüngste: „Papa, du kennst uns gar nicht richtig, weil du nie da bist. Deine Arbeit geht vor. Und dein ständiger Taschengeldentzug ist fantasielos. So lernen wir nie, mit Geld umzugehen. Es wäre sinnvoller, uns zu verdonnern, der Mama mal ne Stunde zu helfen."

Kinder und Jugendliche spüren sehr wohl, wo der Hase begraben liegt. Sie kommen nicht immer zu Wort, werden oft als „altklug" zurechtgewiesen und ziehen sich dann meist zurück. Es entsteht allmählich eine Entfremdung. Während sie weiter wachsen bzw. sich verändern, bleibt der Erwachsene in seinen Ansichten und Verhaltensweisen eher verhaftet. So sehen Mütter in ihren längst erwachsen gewordenen Kindern immer noch die „Kleinen“, mischen sich in deren Angelegenheiten „gut meinend“ ein und ernten Undank. Aus solchen Momenten erreichen mich unzählige Anrufe und Klagebriefe.

Das Loslassen der Kinder wird erschwert durch dieses bleibende Bild von den „Kleinen“, auch durch mangelndes Vertrauen in deren Lebensfähigkeit. Da lernt ein Mensch jahrelang sprechen und bekommt zu hören: „Halt den Mund!“ Da misstraut man ihm, sagt: „Lass das, das kannst du noch nicht!“ und beklagt sich später über seine Unfähigkeiten. Da bekommt einer dauernd zu hören, wie toll die anderen sind, und wenn er dann toller ist als die anderen, bleibt die Anerkennung aus. Jedem, der sich mit fremden Federn schmückt und sich wie ein Angeber gebärdet, rufe ich zu: „Mach dich nicht so groß, so klein bist du doch nicht!“ Das Dumme ist nur, dass er es nicht weiß.

Erwachsene, die nie erwachsen wurden, tragen Machtkämpfe aus. Die Kinder und Mitmenschen sind ihre Opfer. Schlimm wird es, wenn sich Eltern von ihren Kindern beim Vornamen rufen lassen; diese Anbiederung macht die Autorität zur Kumpanei und erschwert die Identitätsfindung.

Im Fernsehen tummeln sich unerwachsene Moderatoren, die herumalbern, Schamlosigkeiten provozieren und Talk-Gäste zum Gespött des Publikums machen, das selbst dann applaudiert, wenn es sich eigentlich zutiefst schämen müsste. In vielen Comedy-Serien kommt das Gelächter vom Band oder das Publikum wird mit Textbändern zum Klatschen aufgefordert. Marionettentheater pur. In der Fachsprache des Psychologen: Infantilismus. Je höher der Grad dieser kindischen Dauerpubertät, desto höher die Einschaltquoten. Die damit verbundene Verblödung geht einher mit dem Verlust des Selbstwertgefühls. Wie sagte Freud? „Der Verlust der Scham ist der Beginn des Schwachsinns.“

Die Würde des Menschen basiert auf seiner Einmaligkeit. Zu viele kennen ihre Gaben nicht, manchmal aber auch nicht ihre

Schatten; viele wissen nicht, welchen Beruf sie ergreifen sollen. Immer mehr wollen ihren Idolen gleichen, lassen sich operieren, stylen und laufen als Kopien herum. Kann mir mal einer sagen, wo da Würde ist? Wir erziehen selten zur Originalität, eher zur Konformität, zum Gleichschritt in der Masse.

Des Weiteren basiert die menschliche Würde auf der Bedeutsamkeit, also auf dem, was für das Leben wichtig ist. Wir hingegen sind versucht, Eigeninteressen anderen aufzudrücken und das zu fördern, was uns wichtig erscheint. „Mach dein Studium zu Ende und hör auf, immer von deiner Schauspielerei zu reden. Das wird eh nix. Du solltest dankbar sein, dass wir dein Studium zahlen. Und komm uns nicht mehr mit diesen Flausen im Kopf. Ist das klar?“

Ich durfte mehrere Berufe erlernen, ich durfte Fehler machen und konnte dabei viel lernen. Nichts war vergeblich oder gar Zeitverschwendung. Mit 23 Jahren machte ich mein Abitur, nachdem ich dreimal die Versetzung vermasselt hatte. Spielt das eine Rolle? Für wen? Die Tatsache, dass ich mir meine Erfolge gegen die Negativprognosen mancher Lehrer erkämpfen musste, machte mich konfliktfähig. Zwei der besten Schüler, denen alles in den Schoß fiel, landeten in der Psychiatrie.

Die Selbstachtung ist heute zum sozialen Überleben wichtig. Andere Worte dafür lauten: Selbstakzeptanz, Selbstvertrauen, Selbstbehauptung, Selbstbewusstsein, Selbstsicherheit. Wer eine gute Meinung von sich hat, muss nicht eingebildet sein. Und Eigenlob stinkt keineswegs immer. Schon die Bibel empfiehlt: „In aller Demut ehre auch dich selbst und gib dir das Recht, das dir zusteht.“ (Sirach 10,28)

Mir fällt auf, dass gerade jene Menschen kein gutes Selbstbild zeichnen, die als Kinder klein gehalten und immer dann gestraft wurden, wenn sie mal über die Stränge schlugen oder widersprachen. Solche Menschen zweifeln an ihren Fähigkeiten, schieben sich die Schuld für alles Versagen zu, sind stets nett und freundlich und haben Angst vor Kritik. Sie sind auf dauerhafte Bestätigung angewiesen und haben zugleich eine stets untergründige Angst vor Ablehnung.

Die von den Medien präsentierten Schönen, Reichen, Berühmten und infantilen Blödelbarden drängen den Normalbürger in die Rolle des Voyeurs und vermitteln ihm allzu gern die Botschaft, dass er zu spießbürgerlich ist für die Rolle auf dem Laufsteg der Eitelkeiten. Wer hier nicht mithalten kann, soll gefälligst applaudieren. Und Beifall gibt es reichlich von Seiten der manipulierten Masse. Gegen den Strom der Masse anzugehen steht nur einer durch, der sich nicht abhängig macht vom Urteil anderer oder von persönlichen Erfolgen. Die Art und Weise, wie heute Superstars gekürt werden („Deutschland sucht den Superstar" bei RTL) oder wie Aussehen und Sex-Appeal halbnackter Jugendlicher von drei Moderatoren öffentlich bewertet werden („Are you hot?" bei VIVA), führt entweder zu einer gefährlichen Selbstüberschätzung oder zu einem seelischen Komplex, der nur noch wählen kann zwischen einem übersteigerten Narzissmus („Ich werde alles dransetzen, mein Äußeres zu toppen.") oder einem Minderwertigkeitsgefühl („Niemand will mich. Es hat alles kein Zweck.").

Selbst- und Idealbild klaffen auseinander. Das ist nicht schlimm. Nur für jene, die nicht so geliebt wurden, wie sie waren und sind, ist diese Kluft gefährlich. Ein Kind zu bestrafen, weil es sich beim Spielen die Kleidung schmutzig gemacht hat, ist ebenso unsinnig wie es zu loben, wenn es endlich nach langen Bitten widerwillig den Teller leer gegessen hat. Es gilt die Regel: Kinder dürfen sich beim Spielen schmutzig machen und müssen nicht gegen ihr Sättigungsgefühl angehen, nur „damit morgen schönes Wetter wird". Kinder können tatbezogene Sanktionen und gut begründete Verhaltensregeln durchaus annehmen. Sie sind oftmals vernünftiger als die Erwachsenen.

Ein Lehrer, der hundertmal einen Satz zur Strafe schreiben lässt, handelt fantasielos. Besser wäre es, den Störenfried als Aufsichtshilfe im Schulhof zu engagieren, den Faulenzer beim Aufräumen des Klassenzimmers einzusetzen und den Schlägertypen mit dem Reparieren eines Stuhls zu beauftragen. Und dies stets mit einem anderen Schüler zusammen. Nichts ist so heilsam wie übertragene Verantwortung.

Es fällt mir immer wieder auf, wie viele attraktive Menschen, darunter besonders die Frauen, kein stabiles Selbstwertgefühl haben. Vermutlich wurden sie als junge Menschen immer nur in ihrem Aussehen bewundert, aber nie wirklich wahrgenommen. Möglicherweise ist das ein Grund für ihre spätere Dauerbeschäftigung mit sich selbst: immerwährendes Kontrollieren im Spiegel, stete Präsenz in Diskotheken, auffallende Mühe, immer jung zu bleiben.

Ich nenne dieses Phänomen das Paris-Hilton-Syndrom. Diese Prinzessin auf dem Erbe wird nur begafft, aber nicht wirklich geliebt. Paparazzi verfolgen sie ohne Rücksicht auf die Privatsphäre. Die Medien überschlagen sich in täglichen, nichtssagenden Meldungen über diese verwöhnte Nervensäge. Mein Gott, wen interessiert das?

Ich bin immer wieder erstaunt über die Unfähigkeit vieler Erwachsener, Verantwortung zu übernehmen.

Heute Nacht musste ich um halb eins mein Bett verlassen, um draußen im Park für Ruhe zu sorgen. Dort saßen fünfzehn erwachsene Männer und Frauen und hatten ihren Lautsprecher voll aufgedreht. Unsere Gäste konnten nicht schlafen. Das Gedröhne schallte in alle Zimmer hinein. Sie entschuldigten sich. Dieselbe Gruppe musste ich anderntags wieder ermahnen, weil sie die Mittagsruhe zwischen 13 und 14 Uhr störte. Man fragt sich, wo hier Einfühlungsvermögen und Verantwortung bleiben. Die Tugend der Achtsamkeit hat sich längst aus dem Staub gemacht.

Eine andere durch die Emanzipation verursachte Entwürdigung ist die Tatsache, dass Hausfrauen unterbewertet werden. Sie sind „beliebte Zielscheiben eines ideologischen Gespötts“, wie Peter Hahne in seinem ebenso amüsanten wie aufschlussreichen Buch „Schluss mit lustig“ schreibt. Wer sich heute noch um Kinder und Haushalt kümmert, gilt als ewig Gestrige. Man will ihr die Würde absprechen und damit auch die Selbstachtung. Die Folgen müssen alle ausbaden: Die Kinder erleiden einen Mangel an elterlicher Zuwendung und die Eltern klagen unter Stress und Beziehungsstörungen. Es wäre angeraten, Eltern ein entsprechendes finanzielles Entgelt zu zahlen, damit Familie wieder attraktiv wird. Gleichzeitig muss die Nur-Hausfrau aufgewertet werden. Wer keine Erfüllung in seinen Aufgaben sieht, flüchtet in andere Bereiche.

Eine gute Meinung über sich selbst und seine Tätigkeit zu haben ist Garant für Ausgeglichenheit. Wer meint, Kinder zugunsten der Karriere vernachlässigen zu können, bekommt naturgemäß Schuldgefühle, sofern er noch moralisch intakt ist. Will er nicht davon abgehen, muss er jetzt hundert Gründe finden zur Rechtfertigung seiner Entscheidung und zur Verdrängung seiner Schuldgefühle. Dabei wird die Wirklichkeit nach persönlichem Gutdünken verzerrt.

„Mein Kind ist gut aufgehoben in der Krippe. Weshalb sollte ich nicht in dieser Zeit meinem Beruf nachgehen?"

„Mein Mann wünscht, dass ich noch etwas dazuverdiene. Wir haben Schulden abzutragen."

„Unseren Kindern hat das alles gar nicht geschadet. Der Älteste studiert jetzt in London, und unsere Kleine macht gerade ihr Abitur." Dass ihr Ältester Hasch raucht und innerhalb von drei Jahren vier Freundinnen verbraucht hat und dass ihre Kleine nur Bestleistungen bringt, um sich Anerkennung zu verschaffen, ist ihr wohl nicht aufgefallen. Dass die Kinder der abwesenden Eltern vor der Glotze sitzen, stört niemanden.

Der Mangel an Zuwendung wird gern auch durch materielle Gaben zugedeckt. Das geht eine Weile recht gut. Alle arrangieren sich damit. Wenn dann Therapeuten und Ärzte auf die Hintergründe der offenkundigen Schäden hinweisen, wenn späte Defizite ursächlich mit diesen häuslichen Umständen in Verbindung gebracht werden, wecken sie Betroffenheit oder vehemente Abwehr. Die Attacken gegen Eva Hermans Buch „Das Eva-Prinzip", in dem sie die Folgen übersteigerter Emanzipation aufzeigt, waren ein Beispiel dafür, wie sehr sie ins Schwarze getroffen hat. Prompt erschienen massig Gegenbücher besonders aus der Ecke aufgescheuchter Emanzen. In ihrem neuen Buch „Das Prinzip Arche Noah" legt sie noch mal kräftig nach.

Selbstachtung ist eine Anerkennung, die unabhängig macht. Unabhängig von der Meinung anderer Leute, unabhängig von Aussehen und Erfolg. Jedenfalls teilweise. Sie schützt weitgehend vor falschen Schuldgefühlen, vor Perfektionismus und Versagensangst, vor der Unterdrückung legitimer Bedürfnisse und Gefühle. Dass dabei auch mal Selbstzweifel auftreten, lässt sich verkraften. Denn ein Zuviel an Selbstvertrauen kann auch gefährlich sein.

Kinder, die bedingungslos geliebt werden, können Misserfolge verkraften. Sie trauen sich mehr zu und sind mutiger. Sie mussten nicht all ihre Tanten küssen, dem Onkel ein Flötenstück vorspielen und „das rechte Händchen" geben; sie behielten das Recht auf Initiative und Unterscheidung. Dennoch wurden sie geliebt. Sie hatten ihre eigene Würde.

Ich war Klassensprecher in der Oberstufe und habe mich leistungsmäßig so durchgekämpft. Dann warf der Lateinlehrer mir meine Klassenarbeit auf den Tisch: „Müller, fünf. Haben Sie in Ihrer Wüste des Nichtwissens noch Oasen des Wissens?"

Ich stand auf, meinen Zorn aktivierend, und antwortete: „Der Müller hat Oasen des Wissens. Aber die Kamele finden sie nicht!"

Eine lähmende Stille legte sich auf die Klasse. Ich wartete auf ein Donnerwetter. Doch der Lehrer führte seinen Unterricht fort. Von diesem Tag an hatten alle Respekt vor mir. Ich auch. Und darauf kommt es an. Einen Schulverweis hätte ich in Kauf genommen. Das war mir meine Ehre wert. Wer in der Schule nicht seinen Verstand verliert, hat nie einen gehabt.

Infantilität bedeutet Unmündigkeit. Erschreckend viele Ehepartner – darunter mehr Männer als Frauen, wenn ich nach dreißig Jahren therapeutischer Arbeit Bilanz ziehe – verhalten sich wie unerzogene Kleinkinder: Sie erklären immer nur den anderen für schuldig, sind selten zur Vergebung bereit, schalten auf stur, blocken jede Bemühung um Konfliktklärung ab, schmollen und verweigern das Gespräch.

„Mein Mann verbietet mir den Kontakt mit meiner Mutter.

Die beiden haben seit Jahren Streit. Unsere Kinder dürfen nicht zur Oma; alles geschieht heimlich und mit schlechtem Gewissen. Wenn das dann mein Mann erfährt, gibt es tagelang Streit. Ich bin so fertig, ich brauche eine Therapie."

„Mein Mann darf nicht wissen, dass ich Sie anrufe. Der rastet sonst aus."

Notrufe dieser Art sind fast alltäglich. Es ist unschwer zu erraten, dass nicht die Frau, sondern der Mann die Therapie braucht. Seine Kränkung stammt aus Kindheitstagen und wird in die Ehe hineintransportiert; sie wird als Waffe gegen den Täter eingesetzt und dient somit als Kampfwerkzeug in einem narzisstisch geprägten Machtspiel, das der Aufrechterhaltung eines angeblich männlichen Selbstbewussteins dient. In Wirklichkeit haben wir es hier mit einem unreifen Menschen zu tun, der seinen Zorn auf Sündenböcke schleudert, um sich selber vom Anteil seiner Defizite zu befreien. Es ist das immerwährende Drama derer, die ihr Gefühl von Wertlosigkeit und ihr Schuldempfinden anderen anlasten. Dabei wird auch die eigene Familie mit hineingezogen; ein Amoklauf von besonders subtiler Art.

Dieser Ruf nach Gerechtigkeit ist in Wahrheit eher ein Ruf nach Bestrafung, in dem angesammelte Wut auf eine bestimmte Person konzentriert wird. Dabei sind die Opfer austauschbar; es kommt dem Gekränkten nur darauf an, jemanden zu finden, dem er die Schuld für das eigene Versagen geben kann.

Eine Mutter lässt ihre Kinder nicht taufen unter dem Vorwand, sie sollten später selbst entscheiden. In Wahrheit verbirgt sich hier allzu oft eine gewachsene religiöse Entfremdung oder ein stiller Racheakt an der eigenen Mutter, deren Frömmigkeit lange nervte. Diese wiederum gibt in versteckten moralisierenden Bemerkungen zu verstehen, wie herzlos und gottfern die Tochter doch sei. Hier wird ein Machtspiel auf dem Rücken der Kinder ausgetragen. Alle Beteiligten nennen sich christlich, tolerant und liebesfähig. So werden die Wut der einen und die Angst der anderen zu Rivalen; die Kinder aber haben keine

Möglichkeit, in einer wirklich christlichen Atmosphäre aufzuwachsen.

Wir fördern das Benehmen, nicht die Eigenständigkeit

Unsere Erziehung läuft darauf hinaus, das Kind am selbstständigen Denken und Handeln zu hindern und ihm fertige Gedanken in den Kopf zu setzen. Erich Fromm beschreibt in seinem Buch „Authentisch leben“ diese Misere, Alice Miller in „Das Drama des begabten Kindes“, Christa Meves in ihren zahlreichen Publikationen und tausend andere Pädagogen wie Psychologen bestätigen dies in TV-Talks. Die einen geben ihren Sprösslingen alles an „Liebe“ und verwöhnen sie grenzenlos, die anderen geben ihnen fast nichts und überlassen sie sich selbst, wieder andere setzen zu enge Grenzen und verfallen in angstbesetzte Reglementierungen, die jede Eigeninitiative ersticken. Wohl die meisten Erzieher haben von allem etwas, indem sie heute „hü“, morgen „hott“ und übermorgen „hühott“ sagen. Es sind die Inkonsequenz einerseits, die mangelnde emotionale Zuwendung andererseits, die irritieren.

Im Allgemeinen bombardieren wir unsere Kinder mit zu viel Verboten. Wenn dann das Kind gehorcht, fühlen wir uns gut. Nach dem Befinden des Kindes wird nicht gefragt. Ein Gehorsam, der darauf aus ist, die elterliche Zuwendung zu bekommen, ist problematisch. Ein bestrafter Ungehorsam weckt im Kind Schuldgefühle, die allzu oft nicht echt sind, da keine wirkliche Schuld vorliegt. Mitunter „geben wir das weiter, was uns selbst angetan wurde, ohne uns jedoch dessen bewusst zu sein“, bemerkt Arno Gruen in „Der Verlust des Mitgefühls“. Und Horst-Eberhard Richter stellt in seinem Buch „Wer nicht leiden will, muss hassen“ trefflich fest: „Die Deutschen müssen erst noch lernen, dass sie sich nicht nur für ihre Befehle, sondern auch für ihren Gehorsam verantworten müssen.“

„Mama, kann ich zuerst spielen gehen?“, fragt die achtjährige Tochter.

„Nein, du machst zuerst die Hausaufgaben.“

„Aber die anderen Kinder sind jetzt draußen und spielen. Ich mache um drei Uhr die Aufgaben, ja, Mama?“

„Nein, du bleibst zu Hause. Hinterher bist du müde und unkonzentriert.“

„Aber …“

„Schluss jetzt. Kein Aber!“

Glaubt diese Mutter allen Ernstes, dass ihre Tochter voll konzentriert ihre Aufgaben machen wird, während draußen die anderen spielen? Angst vor schlechten Noten treibt sie zu dieser Maßnahme.

Wie wäre diese Lösung:

„Also gut, geh spielen. Um drei Uhr bist du hier und machst deine Aufgaben. Andernfalls wirst du künftig zuerst für die Schule arbeiten. Einverstanden?“

Die Erfahrung wird nun zeigen, welche Prioritäten ausgehandelt werden müssen.

Wo Erzieher den Kindern einen Raum für eigenständige Entscheidungen geben und wo sie verunglückte Selbstständigkeiten nicht strafen, sondern besprechen, lernen Kinder das Leben. Wo jedoch die Erwachsenen ständig Vorgaben machen und diese unter Strafe stellen für den Fall eines Ungehorsams, werden Kinder zu Konformisten, die irrtümlicherweise glauben, Individuen zu sein. Nur das tun, was andere erwarten, nährt Zweifel am Selbst. In dieser Hinsicht geht der Staat mit seinen Bürgern ähnlich um.

Bei religiös streng erzogenen Menschen finde ich überdurchschnittlich oft Zwanghaftigkeiten vor, Anpassungsdruck und Ablehnungsängste. Mitunter kann ihre überfürsorgliche und betuliche Selbstaufopferung nerven. Niemals würden solche Menschen es wagen, irgendwelchen Autoritäten zu widersprechen und eigene Meinungen zu präsentieren. Zu sehr sind sie darauf bedacht, Wohlwollen zu ernten und die aus Kindheitstagen erlebte Missbilligung im Fall eines Widerspruchs zu vermeiden. Im Sinn ihrer Erzieher sind sie brave, angepasste und angenehme Zeitgenossen, und niemand fragt sie danach, wie sehr sie unter dieser Zwangsjacke leiden. Ja, sie wissen es nicht einmal selber, da sie den Schmerz der Unterdrückung wegbeten, wegpflegen und schlimmstenfalls als ein von Gott auferlegtes Kreuz deuten.

Es fällt auf, dass solche Menschen enorme psychosomatische Störungen haben aufgrund ihres stets zurückgehaltenen Nackens, ihres verbissenen Kiefers und ihrer hochgezogenen Schultern. Viele von den ängstlich angepassten, freundlich lächelnden, aggressionsverdrängenden Mitmenschen leiden unter Rückenschmerzen, nicht etwa, weil sie falsch sitzen oder zu viel heben, sondern weil sie als Kind schon mit dem Rücken zur Wand standen. Die Erwachsenen fielen ihnen in den Rücken, statt ihn zu stärken.

Wenn Väter die schlechten Schulnoten bestrafen, wenn Mütter tagelang schmollen und wenn Mitschüler petzen, dann ist das ebenso schlimm wie völlige Gleichgültigkeit der Eltern gegenüber den Nöten ihrer Kinder. Solche Erfahrungen haben zur Folge, dass wir uns erst gut fühlen, wenn wir niemandem auf den Nerv gehen. Also täuschen wir Interesse, Aufrichtigkeit und andere Gefühle vor und tanzen notfalls im Sechseck, wenn es der andere verlangt. Die Heuchelei der Gefühle beherrscht jede Party. Es geht nur um Anerkennung. Ja, man erfüllt sogar seine Pflichten, ohne eine Spur von Verantwortung zu haben; es ist die Rolle, die wir spielen. In einer derartigen Situation ist es möglich, dass der Chef Mitarbeiter vor die Tür setzt und sein Mitgefühl nur spielt: „Tut mir leid, wirklich aufrichtig leid. Aber …“ Fakt ist: Es tut ihm nicht im Geringsten leid. Es ist ihm schnurzegal.

Wer sich nicht anständig benimmt, muss mit heftigen Schuldzuweisungen und Liebesentzügen rechnen. Denn wir verschenken keine Liebe, wir lassen sie verdienen.

Wann immer mir Eltern stolz erzählen, wie brav und unauffällig ihre Kinder doch seien, wird mir schummrig. Aus der Psychiatrie weiß ich, dass die Psychotiker oft die bravsten, fleißigsten und oft auch die einsamsten Jugendlichen waren. Wie erholsam, wenn Kinder rotzfrech sein können!

Kennen Sie das: Sie halten einer Person die Tür auf und sagen: „Nach Ihnen bitte!“ Der andere aber erwidert: „Danke, aber gehen Sie zuerst!“ Sie setzen das Spiel fort: „Aber bitte, gehen Sie doch!“ Wenn Sie Glück haben, wird er jetzt den ersten Schritt tun. Ich hatte einige Male nicht das Glück. Da fanden regelrechte Machtkämpfe statt; denn wer dem anderen nach dreimaliger Aufforderung den Vortritt gibt, hat gewonnen. Tolles Spiel. Aber typisch für unsere Welt, die auf Rollenerwartungen abfährt. Die wirklichen Gefühle sind unwesentlich, es gilt die Pose der gespielten Selbstverleugnung.

Kinder werden dazu erzogen, erwünschte Gefühle zu zeigen. „Jetzt mach bitte nicht so ein Gesicht. Lach doch mal!“ – „Du musst doch keine Angst haben, was denken denn die Kameraden von dir?“ – „Jetzt freu dich doch, ich habe mir so viel Mühe gegeben!“ – „Du hast nun wirklich keinen Grund, wütend zu sein!“

Wen wundert`s, wenn die Kinder die erwünschten Gefühle bloß spielen? Solche Grenzverletzungen führen zu unechten Empfindungen, die nur gezeigt werden, damit die elterliche Liebe erhalten bleibt. Die dahintersteckende Aussage: Sage mir, wie du mich haben willst, und ich bin dann so, damit ich geliebt werde.

Diesen jungen Menschen gelingt es kaum, aus der emotionalen Abhängigkeit des Elternhauses zu kommen; es sei denn, sie tauschen die Objekte: Dann sind sie eben abhängig von anderen Autoritätspersonen. Denn wirkliche Abnabelung kann nur stattfinden, wenn zuvor eine emotional gesunde Bindung möglich war. Und dann, nur dann vermag der Betreffende eigene Wege zu gehen, selbstverantwortliche Entscheidungen zu treffen, Vorgesetzten kritisch zu begegnen und Fragwürdigkeiten zu hinterfragen, notfalls ungehorsam zu sein. Seine verweigerte Anpassung wurzelt nicht in infantilem Trotz, sondern in der mündigen Gewissensentscheidung.

Als der Vatikan einen kritischen Satz über Gruppendynamik und Enneagramm schrieb, beeilten sich besonders „Kirchentreue", diesen einen Satz als Waffe gegen jene einzusetzen, die gruppendynamische Sitzungen und Einführungen ins Enneagramm anboten. Bitterböse Briefe bekamen wir, obwohl die Absender weder unsere Kurse besucht hatten noch um das christliche Menschenbild wussten, das bei uns selbstverständlich zugrunde liegt. Wir bieten keine Selbsterlösungsseminare an und ein esoterisches Weltbild wird man bei uns vergeblich suchen. Da genügen Reizworte, um mit besserwisserischem Eifer die ewige Verdammnis anzudrohen. Solche Menschen halten sich für die moralisch Besseren und sind nicht bereit, zuzuhören und zu differenzieren. Wahrscheinlich sind sie als Kinder sehr autoritär und restriktiv erzogen worden.

„Setz dich gerade hin!" – „Zappel nicht so!" – „Kämm dich mal richtig!" – „Steh aufrecht und grins nicht so dumm!" Dies sind die normativen pädagogischen Inhalte seit Jahrhunderten. Wo hingegen bleiben die wirklich lebensnahen und wichtigen Inhalte wie Achtsamkeit, Weitsicht, Toleranz, Solidarität, Mitgefühl usw.? Da sich diese Werte nur vermitteln lassen durch jahrelanges vorgelebtes Beispiel, ist es sicher bequemer, Kinder und Jugendliche herumzukommandieren und auf Rollenverhalten zu dressieren.

Wo immer Eltern ihren Kindern die oben erwähnten Tugenden vorleben, wo genug Freiraum für eigene, auch unbequeme Entscheidungen gelassen wird, wo nicht mit Drohungen, Schuldzuweisungen und Liebesentzug vergiftet wird, darf man sicher sein, dass die Kinder zu leben wissen.

Wenn Kinder nicht alles essen müssen, was ihnen nicht schmeckt; wenn sie selbst bestimmen dürfen, wann sie zu Bett gehen; wenn sie ihre Gefühle nicht angstvoll verbergen müssen; wenn sie bezüglich Kleidung, Frisur, Zimmereinrichtung, Hobby, Freunde und Berufswahl selbst wählen dürfen, allenfalls von ihren Eltern beraten werden, dann wird Mündigkeit gelingen. Dann vermögen auch gelegentliche Erziehungsfehler nichts dagegen auszurichten. Bis dahin scheint es mir noch ein weiter Weg zu sein, gerade im Hinblick darauf, dass zu viele Frauen und Männer nicht reif genug sind, andere zur Lebensreife zu führen. Ich empfehle die Lizenz zum Erziehen, die Sabine Wolfram in Oranienburg in einem zehnstündigen Seminar anbietet.

Im Radio hörte ich während der Fahrt auf der Autobahn die Nachricht, dass drei Jugendliche im Alter von dreizehn Jahren einen Mann vor dem Ertrinken bewahrt hatten; sie zogen seinen schweren Körper aus dem Isarkanal, wobei ihnen dreißig Erwachsene (!) zuschauten. Irgendwann eilte dann ein Zuschauer hinzu und half, wobei man ihm seine teure Sonnenbrille stahl. Dieser Mann war Mexikaner. Die Eltern werden sicher auf ihre Söhne stolz sein dürfen, während es die Kinder der gaffenden Eltern kaum sind.

Mit der Eigenständigkeit kommt auch die Fähigkeit zum Widerstand, zur Abgrenzung. Ich kenne zu viele Zeitgenossen, die nicht nein sagen können, die kaputtgehen an ihrer Hilfsbereitschaft und Fürsorglichkeit. Widerstand leisten kann gewiss auch der Skinhead und jeder infantile Trotzkopf. Doch ist das Motiv ihres Verhaltens kein Hinweis auf seelische Reife. Angemessener und notwendiger Widerstand vermag nur derjenige aufzubringen, der einfühlsame, geduldige und konsequente Eltern hatte. Bereits vor der Pubertät bildet sich diese Tugend heran. Dabei sind Herausforderungen, frühzeitige Befähigung zur Konfliktlösung und Respektierung des Gewissens die besten Voraussetzungen. Wer es allzu leicht hatte, indem die Erwachsenen vor Konflikten bewahrten oder keine echten Forderungen stellten, hingegen den Gehorsam erzwangen, neigt später zur Anpassung. Zivilcourage ist nicht seine Tugend. Verstehen Sie jetzt, weshalb so viele Menschen in unserem Land wegschauen?

Interessant ist auch die Erkenntnis, dass Leute mit einer ausgeprägten Fähigkeit zum Widerstand gesünder leben; sie haben auch eine seelische und körperliche Widerstandskraft. Und noch eins: Sie haben weniger Rachegefühle ihren Feinden gegenüber als die angepassten Angsthasen.

In meinem Buch „Gehorsam um jeden Preis?" bringe ich die Geschichte zweier Schwestern, Elisabeth und Sophie Scholl. Als der Lehrer die störende Elisabeth in eine andere Bank setzte, empörte sich Sophie:

„Herr Lehrer, meine Schwester bleibt hier neben mir sitzen. Sie hat heute Geburtstag."

Der Lehrer war völlig verdutzt über diese Courage und stellte die alte Sitzordnung wieder her. Es war der Mut eines Kindes, das auch später aus Gewissensgründen Widerstand leistete.

Der heutige Durchschnittsschläger an Schulen ist 13 Jahre jung. Wer schlägt, wurde geschlagen. Schülergerichte haben bei der Wahrheitsfindung und pädagogischen Beurteilung mehr Erfolg als die professionellen Gerichte. Weil sich die Gleichaltrigen besser einfühlen können, öffnet sich der Täter. Man straft nicht, man spricht von Wiedergutmachung, Ersatzleistung. Die Montessori-Schule in Hofheim lässt ihre Schüler in Rollenspielen Konfliktlösungen üben und zielt auf Respekt, Toleranz und Selbstwertgefühl. Dieser Schule gebührt alle Hochachtung, weil sie endlich für das Leben und nicht für die Schule lehrt.

Im Alter von drei bis vier Jahren lernt ein Kind Empathie (Mitgefühl). Wenn da die Erzieher die aggressiven Regungen des Kindes unterbinden oder mit unangemessenem Gegendruck reagieren, wird es erst recht aggressiv oder zieht sich in depressiver Weise zurück. Und die ganze Empathie geht flöten. Aggressionen sind lebensnotwendig, müssen aber in rechte Bahnen gelenkt werden. Lehrer wie Eltern sollten daher nie ein aggressives Kind anbrüllen oder vor anderen ermahnen, sondern in Ruhe mit ihm sprechen und dabei Ich-Botschaften einsetzen: „Ich möchte ganz ruhig mit dir reden." – „Ich wünsche mir sehr, dass du mir jetzt zuhörst." Usw. Dabei sollte auch das Kind zu Wort kommen und seine Bedürfnisse nennen.

Es gibt einen pubertären Trotz, der sich keiner vernünftigen Argumentation beugt. Dann sind Buben wie Mädchen launisch und handeln, ohne die Folgen zu bedenken. Diese Phase ist sehr stark hormonell bedingt und bedarf einer konsequenten Führung. „Eltern von Teenagern sollten das meiste, was ihre Kinder sagen, einfach übergehen. Bei impulsiven, emotionalen Ergüssen sollte man nicht zuhören. Bleiben Sie ruhig … Denken Sie daran, dass die Impuls-Steuerungs-Schaltkreise die ankommenden Informationen nicht verarbeiten können … Sie müssen Kontrolle ausüben.“ (Louann Brizendine: Das weibliche Gehirn. Hamburg 3/2007)

Es kommt gelegentlich vor, dass mich Leute anrufen und um Entscheidungshilfe bitten. Aus Angst, eine falsche Wahl zu treffen, fragen sie andere. Doch hüte ich mich, ihnen die Entscheidung abzunehmen. Denn wenn etwas schiefläuft, werde ich zum Sündenbock und sie verbleiben weiterhin in der Abhängigkeit. Die Unentschlossenheit basiert auf frühkindlichen Ängsten, die entstanden sind, nachdem sie selbst nicht entscheiden durften oder unerwünschte bzw. fehlgelaufene Entscheidungen von den Erziehern bestraft wurden. Nun will man alles richtig und es allen recht machen, was auf Dauer nicht funktioniert. Dabei ist Lernen nur möglich, wenn Irrtümer und Fehler gestattet bleiben. Wer nie etwas ausprobieren durfte, verkümmert. Später wird diese arme Seele nichts mehr wagen, sich bei Kaufentscheidungen, bei der Partnerwahl und neuen beruflichen Möglichkeiten schwertun. Sie könnte ja einen Fehler machen.

Erziehen bedeutet: Herausziehen der im Kind schlummernden Fähigkeiten. Platon spricht von der Majeutik, der Hebammenkunst. Man muss also spüren, beobachten und testen, welche Interessen und Begabungen ein Kind hat. Der vierjährige Yehudi Menuhin bestand darauf, eine Holzgeige zu bekommen, was seine Mutter nach langem Quengeln schließlich gestattete. So wurde er ein berühmter Geiger. Noch mal Glück gehabt, könnte man sagen; denn seine Mutter hatte die Begabung lange nicht erahnt.

Viele Kinder müssen zu Hause ein Musikinstrument üben bis

zum Brechreiz. Die Eltern wollen das so. Ob das Kind es auch will?

Der sechsjährige Benjamin ist ein flottes, quirliges Bürschchen. Er bastelt allerlei technische Geräte mit seinem Baukasten. Sein Vater geht mit ihm ins technische Museum, erklärt ihm dies und das, nimmt sich viel Zeit für ihn. Benjamin fällt durch seine Fragen auf, die er stellt. Sie weisen allesamt in Richtung Mechanik. Seiner Mutter wäre es lieber, er würde mehr mit anderen Kindern spielen. Aber sie nimmt es gelassen hin und Benjamin hat genug zu tun mit seinen Baukästen. Und Papa spielt mit.

Michael ist acht Jahre alt. Ein unruhiges Kind, das von seiner überforderten Mutter ständig zur Ruhe gemahnt wird, was aber nichts nützt. Spielt er im Hof Fußball, heißt es: „Micha, zieh eine andere Hose an!" Kommt er zu spät nach Hause, heißt es: „Micha, wo kommst du jetzt her? Ich habe dir hundertmal gesagt, um sechs Uhr ist Abendessen!" Hat er seine Schulaufgaben nach einer Stunde beendet, heißt es: „Micha, du lernst zu wenig!" Und zappelt er beim Mittagstisch: „Micha, gib endlich Ruhe!" Können Sie sich denken, weshalb Micha so unruhig ist?

Jeder braucht Grenzen. Die Frage ist nur, wie sie gezogen werden. Wenn jemand uns sprechen will, wir aber beschäftigt sind, sollten wir sagen: „Es geht jetzt gerade nicht, können wir das in einer halben Stunde machen?" Wenn Ihr Kind zum falschen Zeitpunkt etwas haben will, kann man sagen: „Tut mir leid, Kind, ich bin so müde, ich kann jetzt nicht." Leider aber formulieren viele diese Botschaft falsch: „Siehst du denn nicht, dass ich zu tun habe (müde bin, keine Zeit habe …)?" Dieser Vorwurf entwertet das Kind; es wird für sein Verhalten beschimpft.

Wir tadeln zu viel, loben zu wenig. Es überrascht daher nicht, dass sich die deutschen Arbeitnehmer über zu wenig Anerkennung durch den Chef beklagen. Dabei könnte gelegentliches Lob die Mitarbeitermotivation stärken und das Klima verbessern. Andererseits: Weshalb sollte es in den Büros und Fabrikhallen anders zugehen als in den Kinderstuben?

Gutes Benehmen ist wichtig. Eigenständigkeit auch. Indem Erwachsene Vorbild sind und ihre Kinder rechtes Benehmen in partnerschaftlicher Atmosphäre lehren, aber auch Eigenarten der Kinder gelassen hinnehmen können, wächst das Selbstwertgefühl.

Wer in der Welt weiterkommen will und auf soziale Anerkennung angewiesen ist (das sind die meisten von uns), muss – wenn auch widerwillig – Benimmregeln lernen. Ich meine, dass jedes Kind solche durch Nachahmung lernt.

„Und jetzt wollen wir einmal schauen, wer beim Essen versehentlich seine Ellbogen auf den Tisch stützt oder schlürft. Jeder bekommt jetzt zehn Zehner; wenn er einen Fehler macht, muss er jedes Mal ein Zehn-Cent-Stück zahlen. Macht er alles richtig, darf er das Geld behalten“, sprach der Vater und das Spiel begann. Dabei machten die Eltern bewusst einige Fehler, was die Kinder zu lauten Protesten veranlasste. Spielerisches Lernen macht jedem Spaß.

Kaum ein Lehrer wird in seiner Schule Schüler erleben, die ihm die Tür aufhalten oder eine schwere Tasche abnehmen. Wer dies tut, gilt als Einschmeichler und erntet den Spott der Gruppe, im schlimmsten Fall Ausgrenzung. Dieses Phänomen der fehlenden Höflichkeit hat in der Regel seine Ursachen im Elternhaus.

Ich machte bei einer fünfköpfigen Familie einen angemeldeten Besuch. Die Haustür öffnete ein Knirps von fünf Jahren.

„Hallo, ich bin Pater Müller. Und wer bist du?“

„Ich bin der Alexander. Willst du meine Eltern sprechen? Komm rein!“

„Danke!“

Ich trat ein. Dann erschien die siebenjährige Schwester, gab mir ihre Hand und meinte: „Ich bin die Miriam. Meine Eltern kommen gleich. Magst du was trinken?“

„Ja, ein Glas Wasser.“

„Wir haben auch Cola. Oder willst du eine Limo?“

„Nein Danke, nur Wasser.“

Der zehnjährige Paul kommt die Treppe hinuntergesprungen. „Hallo, ich bin der Paul. Sie sind der Pater Müller? Meine Eltern haben von Ihnen gesprochen. Sie können zaubern, ja?"

„Ja, das kann ich. Und jetzt willst du bestimmt ein Kunststück sehen."

„O ja, toll. Miriam, komm schnell, der Pater Müller zaubert."

Und so ging es dann eine Weile hin, bis die Eltern erschienen.

Ich habe eine derart offene und herzliche Atmosphäre selten erlebt.

Dann plötzlich stellten die Kinder Stühle in einen Halbkreis, zündeten eine Kerze an, die vor ihnen auf einem kleinen Hausaltar stand. Der Vater wandte sich mir zu: „Du bist gern eingeladen, ein Gesetz vom Rosenkranz mitzubeten."

Als der Gebetsteil beendet war, sprangen die Kinder auf und liefen in den großen Garten, wo sie im Baumhaus spielten. Es war abends um acht Uhr. Die Mutter rief dem Jüngsten nach: „Alexander, wann gedenkst du, zu Bett zu gehen?"

„Noch eine halbe Stunde, bitte, Mama."

„Okay!"

Nach einer halben Stunde kam Alexander. Und er erzählte mir noch seine Erlebnisse, mit heißen Wangen, hingebungsvoll und selbstvergessen.

Dann wollte er noch mal einen Trick sehen.

„So, jetzt aber ab ins Bett", mahnte die Mutter.

Und was tat Alexander? Er gab jedem einen Kuss, auch mir. „Kommst du bald wieder? Ich möchte auch zaubern lernen."

„Aber klar komme ich wieder. Und dann zeige ich dir neue Tricks. Gute Nacht!"

Diese Episode wirkt wie eine Szene aus einem kitschigen Heimatfilm. Aber ich habe sie noch einige Male in anderen Familien erlebt. Mir ist dabei aufgefallen, dass es kein Herumkommandieren gab, auch keine Drohungen.

An einem Elternsprechtag meiner Schule kam ich ins Gespräch mit einer Mutter, die neun Söhne hatte. Zwei Söhne besuchten meinen Unterricht. Sie fielen mir besonders auf durch ihr höfliches Auftreten sowie durch ein gutes Maß an Selbstständigkeit. Als ich die Mutter befragte, wie sie es schaffe, eine solche Bande von neun Burschen in den Griff zu kriegen, und ob die anderen auch so höflich und eigenständig seien, gab sie zur Antwort:

„Ja alle. Ich kann nicht verstehen, wieso Mütter mit zwei Kindern immer so stöhnen. Wissen Sie, das Rezept ist ganz einfach: Ab dem fünften Lebensjahr müssen alle Buben im Haus helfen. Da gibt es einen Stundenplan, den sie sich selber machen. Sie verteilen die Aufgaben: Schuhe putzen, Betten machen, kehren, staubsaugen, einkaufen, Tisch decken, spülen usw. Ich beschränke mich auf das Kochen und Waschen. Einer hat immer frei; wenn mal einer nicht will oder kann, dann müssen die das unter sich ausmachen. Mein Mann ist ja kaum da. Der ist am Gericht tätig. Also es geht ganz gut. Ich bin mit meinen Buben sehr glücklich."

„Und Strafmaßnahmen?"

„Na ja, gibt es so gut wie nicht. Wir reden darüber. Wissen Sie, man muss auch mal die Leine länger lassen; da bin ich nicht kleinlich. Die sollen ja möglichst früh selbstständig sein und eigene Wege gehen. Unser Ältester hat jetzt eine Freundin; da bekommt er mehr Freiraum. Sie wissen ja, wie das so ist, wenn man verliebt ist." Und ihr Lachen beendete unser Gespräch. Ich erlebte diese Frau als eine in sich ruhende, selbstbewusste und bodenständige Person mit einer gehörigen Portion Gottvertrauen.

Wenn wir in die Zeitung schauen und Fernsehfilme konsumieren, erkennen wir alles andere als Erziehung zum Benehmen. Es scheint vielmehr so zu sein, dass flegelhafte Typen, Menschen mit Fäkalsprache und schamlose Promis die Oberhand haben. Wie soll das auf die Kinder wirken? Wenn es den Anschein hat, dass nur der Rüpel zum Zug kommt und Beleidigungen die Quote erhöhen, dann müssen Erzieher gute Argumente haben, um ihre Zöglinge vom Gegenteil zu überzeugen.

Andererseits: Repräsentiert die Boulevardpresse die Mehrheit? Stimmt es wirklich, dass Elefanten im Porzellanladen und abgestumpfte Dümmlinge hofiert werden? Es ist zu bedauern, wenn die Medien keinerlei Vorbildfunktion wahrnehmen. Ich habe selten einen Spielfilm gesehen, in dem Meinungsverschiedenheiten auf faire und sachliche Weise angegangen werden; die aggressive Masche ist die Norm. Und sobald dann wirklich mal ein Film gezeigt wird, in dem Anstand und Benimm eine Rolle spielen, heißt es, dies sei doch nicht die Realität. Ich habe wirklich keine Lust, die real existierende, infantile Welt um mich herum auch noch im Fernsehen zu erleben.

Schulen haben verstärkt das Fach „Anstand und Sitte" im Lehrplan. Tatsächlich wird es von den Schülern angenommen. Ihr Instinkt sagt ihnen, dass gutes Benehmen hoch im Kurs steht. Sobald einer verliebt ist, hat er`s drauf. Er zeigt sich von der besten Seite, um für sich zu werben. Doch ein Rüpel fällt nach dieser Phase wieder zurück in sein altes Muster, wie so viele Ehen zeigen. Denn wer nur nett ist aus narzisstischen Gefühlen, wird bei der kleinsten Meinungsverschiedenheit ausrasten, weil er einen Stand-by-Zorn pflegt. Sein Verhalten richtet sich nach dem Maß an Zuwendung, das er erhält, und ist nicht aus Überzeugung gewachsen; sein Selbstwertgefühl liegt im Keller.

Wir müssen unterscheiden zwischen höfischem Protokoll, gespieltem Charme und gewachsener Höflichkeit, von geheuchelten Anbiederungen mal abgesehen. Wer sich „benimmt" aus Berechnung, mag vielleicht „diplomatisch" sein, aber er bewegt sich auf dünnem Eis; sobald er sein Ziel nicht erreicht, fällt er möglicherweise zurück in das Verhalten eines mittelmäßigen Schimpansen. Die von Eltern und Bezugspersonen übernommene Art und Weise des miteinander Umgehens prägt ihn in erster Linie.

Wie reagieren Sie, wenn sich jemand in einer Menschenschlange vordrängt? Sie können es gelassen hinnehmen, sich still ärgern oder ihn bitten, sich hinten anzustellen. So weit, so gut. Wie reagiert der andere? Wird er sich beschämt zurückstellen oder Sie einen „Idioten" nennen? Und die übrigen Personen? Bei solchen gruppendynamischen Vorgängen lässt sich trefflich beobachten, wie unterschiedlich das Selbstwertgefühl der Leute ausfällt.

Eine ältere Dame zwängt sich, voll bepackt mit Kartons, durch eine schwere Flügeltür. Ich will ihr dieselbe aufhalten, doch sie sagt: „Geht schon, geht schon. Ich komme klar." Aha, denke ich. Sie kommt klar. Und ich muss an eine andere Frau denken, die sich nie helfen lassen will. So was gibt es. Eigenständigkeit? Vielleicht, aber auch Zeichen eines schwachen Ichbewusstseins. Diese Dame ist höflich, selbst sehr hilfsbereit, aber sie kann ihrerseits nur schwerlich Hilfe annehmen. Sie möchte unabhängig sein und niemandem auf die Nerven fallen. Das sind Relikte aus ihrer Kindheit.

Es hat etwas mit Schuldgefühlen zu tun: Vielleicht hat man ihr zu oft zu verstehen gegeben, wie unfähig und undankbar sie sei. Jetzt möchte sie keinem mehr etwas schuldig sein, niemandem mehr zu Dank verpflichtet sein. Auf diese Weise wird jemand zu einem sehr aktiven und selbstständigen Menschen mit einem sozialen Sicherheitsabstand.

Auf den Straßen vollzieht sich ein täglicher Machtkampf, den ichschwache Autofahrer mehr oder weniger bewusst austragen. Da wird gedrängelt, genötigt, geschnitten und überholt, was der Motor hergibt. Man zeigt sich den Vogel, den Stinkefinger, das Siegeszeichen, belehrt oberlehrerhaft jene, die nicht schnell genug aus der Flugschneise eilen, und zückt im Extremfall schon mal eine Pistole. Wo soziale und seelische Potenzschwächen vorliegen, wird gern das martialische Potenzgebaren an den Tag gelegt: aufgemotzte, getunte und gespoilerte Hecks, eine Lampenorgie am Bug, dröhnende Drums am Cockpit: Hallo, jetzt komme ich!

Jeder Dritte hält sich für den besten Fahrer; jeder Siebte meint, das schnellste Auto zu haben. Und für das schwache Selbstwertgefühl ist die Erfahrung des Überholtwerdens ein mittleres Trauma. Hier auf den Straßen verrät sich der wahre Charakter eines Menschen: Umsicht, Rücksicht und Weitsicht im wahrsten Sinn des Wortes erweisen sich als Sonderangebot. Manchmal reicht auch schon der Blick ins Wageninnere, um herauszufinden, wie sein Zuhause oder sein Seelenleben aussieht. Was früher höfische Ritterturniere und romantische Degenduelle waren, ist heute der Kampf der Straßenrambos. Dasselbe Gebaren mit anderen Mitteln und neuen Kulissen, aber mit der stets gleichen verletzten Seele.

Der Stärkere verdrängt den Schwächeren. Wer im Beruf oder in der Familie sozial unterlegen ist, wer sich also „überholt" fühlt, kann mittels seines Autos die Verhältnisse umkehren. Dann zeigt sich seine infantile Seite, die darauf aus, es dem anderen zu zeigen. Wenn er dann gefährliche Situationen gemeistert hat, tritt ein Gefühl von Größe und Macht ein. Die Steigerung besteht dann nur noch im Geschwindigkeitsrausch.

Mangelnde Elternbindung und spätere Beziehungslosigkeit

Herr K. hängt völlig in der Luft. Jetzt ist er 38 Jahre alt, hat seinen Arbeitsplatz mehrfach wechseln müssen, lebt in der dritten Beziehung mit einer älteren Frau, die in einem Schmuckgeschäft tätig ist. Finanziell geht es beiden gut, nicht aber beziehungsmäßig. Sie fühlt sich von ihm total überfordert und eingeengt. Als sie vor acht Jahren schwanger wurde, ließ sie auf Druck des Mannes eine Abtreibung vornehmen. Seitdem kriselt es noch mehr in ihrer Beziehung, die den Namen „Ehe" nicht verdient hat. Geringfügige Meinungsverschiedenheiten führen zu lautstarken Auseinandersetzungen. Nun steht die nächste Trennung vor der Tür.

Abtreibungen, so lehrt uns die Geschichte, führen zu verstärkten Störungen in der Partnerschaft und schließlich zur endgültigen Trennung. Das lässt sich seit Jahrzehnten beobachten, doch die betreffenden Partner scheinen es nicht wahrhaben zu wollen. Herr K. war Einzelkind und aufgrund der häufigen Abwesenheit seiner Eltern im Abseits. Er wurde nie als eigenständige Person wahrgenommen, konnte keine wirkliche Bindung zu seinen Eltern aufbauen. Während der beiden ersten Jahre wurde er von einer Amme betreut, die sich seine Eltern leisten konnten. Hin und wieder überschüttete ihn seine Mutter mit Spielzeug, wohl weil sie Schuldgefühle hatte. Später drangsalierte sie ihn mit endlosen gutmeinenden Bemerkungen, dann folgten wieder Geschenke usw. Das nannte sie Liebe.

Herr K. erkennt nicht, dass er in seinen Beziehungen zu älteren Frauen die eigene Mutter sucht und das von ihnen möchte, was sie ihm nie gab: emotionale Zuwendung. So versucht er, die innere Spaltung durch Bindung zu kitten, was nicht gelingt; es entsteht ein Ohnmachtsgefühl, das er abzuwehren versucht, indem er ständig an seiner Frau herumnörgelt. Er will endlich von ihr jene Liebe haben, die seine Mutter vermissen ließ. So bleibt er immer noch im Stadium eines allein gelassenen Kindes verhaftet. Die Trennung von der Partnerin bedeutet aber keine echte Loslösung, sodass eine zweite, dritte und vierte Beziehung eingegangen wird, die aber nie eine wirkliche Bindung darstellt. Im Grunde kommt er nicht von seiner Mutter los.

Frau M. lebt allein; sie sehnt sich zwar nach einer innigen Beziehung, fühlt sich aber den Anforderungen einer Ehe nicht gewachsen. So lebt sie in einer sogenannten „offenen Partnerschaft“ und arrangiert sich mit diesem Provisorium. Irgendwie hat es ja auch Vorteile, meint sie und verbringt viele Abende in Diskotheken, wobei sie hin und wieder für eine Nacht einen Mann abschleppt.

Frau M. ist ohne Vater aufgewachsen; sie lebte mit ihrer Mutter und zwei älteren Geschwistern zusammen, bis sie als Letzte das elterliche Haus verließ, um als Altenpflegerin tätig zu werden. Wenn sie von ihrer Mutter spricht, dann zeichnet sie das Bild einer verhärmten Frau, die dem früh weggelaufenen Ehemann nicht viel Positives abgewinnen konnte.

Hier erkennt man unschwer die andere Variante einer nicht gelungenen Elternbindung.

Ob Mutter oder Vater, der fehlende Teil hinterlässt Lücken. Diese Lücken müssen nicht zwangsläufig zu bleibenden Defiziten führen, tun es aber meistens. In späteren Kindheitsjahren können emotionale Mängel nur noch teilweise behoben werden, sofern sich eine Bezugsperson findet, die dem Kind das Gefühl der Wichtigkeit und Wertigkeit gibt.

Wenn alle Babies im ersten Lebensjahr eine solche Bindung zu ihrer Bezugsperson aufbauen könnten wie der berühmte Eisbär Knut zu seinem „Ziehvater" Thomas Dörflein, würde der Bedarf an Psychotherapeuten erheblich sinken. Aber solange der Tierschutzverein mehr Mitglieder hat als der Kinderschutzbund, wird sich da nichts ändern.

Herr O. hat als Kind nie emotionale Zuwendung erfahren. Seine Ehe ist gestört, weil er von seiner Frau erwartet, dass sie auf seine Gefühle eingehen soll. Dabei spricht er seine Empfindungen nicht aus; er verschlüsselt sie mit seiner Mimik und erwartet, dass seine Frau dies merkt. Doch sie, deren Trotzphasen in der Kindheit unterbunden wurden, wird sofort wütend, wenn ihr Mann mit heruntergezogenem Gesicht daherkommt und von ihr emotionale Zuwendung wünscht. Beide sind in einer infantilen Lebensphase stehen geblieben: er im oral geprägten Kleinkindalter, sie in der pubertären Trotzphase.

Heute wachsen viele Kinder ohne Vater auf. In Krippen, Kindergärten und Grundschulen arbeiten nur Frauen. Da kommen die Kinder nie mit einem Mann, mit einer Vaterfigur in Kontakt. Und wenn dann der eigene Vater zu Hause auch noch fehlt oder sich kaum kümmert, dann werden die Psychologen und Therapeuten einige Jahre später viel zu tun haben.

Nun kann man einwenden, dass ja nach dem Krieg viele Väter fehlten und die Mütter Alleinerziehende waren. Daraus sollte man aber nicht schließen, dass dieser Zustand keine Schäden bei den Kindern hinterlassen hätte. Wer die Generation der heutigen Großeltern kennt, weiß um die verletzten Seelen und verwaisten Gefühle. Die Folgen dieser „vaterlosen Gesellschaft", wie sie Alexander Mitscherlich beschrieb, wurden nie systematisch erforscht.

Der Männermangel ist ein Problem gerade auch für Buben. Wenn das Kind sich aus der Abhängigkeit der frühen Mutter-

Kind-Beziehung löst, ist der Vater gefragt. Er steht für eine stabile sexuelle Identität. Wir wissen immer noch nicht genau, inwieweit das Fehlen des Vaters und die Dominanz der alleinigen Mutter beim Entstehen homoerotischer Veranlagung eine Rolle spielen: der Junge sozusagen auf der Suche nach seinem Vater, den er am liebsten einverleiben möchte, ganz allein für sich haben will.

Der „Kannibale von Rothenburg", Armin Meiwes, erlitt mit acht Jahren das Trauma des Vaterverlusts. Sein Vater fuhr einfach im PKW weg für immer, ohne sich umzuschauen und einen Blick auf den verstörten Buben zu werfen, der dem Wagen nachlief. Zugleich verließen seine beiden Brüder das Elternhaus. So blieb er mit einer dominanten Mutter allein zurück. Es wuchs in ihm immer heftiger die Sehnsucht nach einem großen Bruder, nach einem väterlichen Freund, den er ganz allein für sich haben konnte. Nach Jahren pervertierte dieser Verschmelzungswunsch zu einem kannibalistischen Akt, in dem er einen Mann auf dessen Verlangen hin tötete und teilweise verspeiste.

Nun ist ein solcher Vorgang einmalig und nur erklärbar durch mehrere Ursachen. Der Verlust des Vaters allein reicht nicht aus, diese Tat einer zutiefst gekränkten Seele zu erklären. Ich habe mit ihm eine Stunde lang im Hochsicherheitstrakt in Kassel sprechen dürfen und einen freundlichen, völlig aggressionslosen Mann vorgefunden, der „einem Freund einen Gefallen getan" hat, indem er ihm versprechen musste, ihn buchstäblich einzuverleiben.

Viele Kinder wachsen heute auf ohne väterliche, männliche Zuwendung. Achtzig Prozent der Alleinerzieher sind Mütter, davon die Hälfte geschieden. Viele sind voller Schuldgefühle und Frustrationen, voller Selbstzweifel und Unsicherheiten, die in die Erziehung miteinfließen. Psychosomatische Belastungen und stressbedingte Streitigkeiten sind da programmiert. In diesen Fällen, aber wirklich nur in diesen, sind Kinderkrippen gerechtfertigt. Ansonsten ist das Weggeben der Kinder in die Hände anderer Frauen problematisch, weil dies eine kontinuierliche

Bindung an die Mutter verhindert und weil eine Erzieherin bis zu zehn Kinder betreuen muss. Das sagt nichts aus über die Fähigkeit der Erzieherin, aber selbst der liebste Mutterersatz ist da überfordert. Wenn die Familienministerin von der Leyen meint, Kinderkrippen seien von Vorteil, da sie die soziale Bindung und Gemeinschaftsbewusstsein schaffen würden, irrt sie. Denn zunächst einmal braucht ein Kleinkind eine stabile Mutterbindung. Die Hinwendung zur Gruppe erfolgt erst ab dem dritten Lebensjahr. Sie gelingt nur, wenn der erste Schritt getan ist.

Zur Rolle der berufstätigen Mutter schreibt die an der Universität in San Francisco lehrende Neuropsychiaterin Louann Brizendine: „Wie wir heute wissen, reagiert das weibliche Gehirn auf diesen Konflikt mit wachsendem Stress, zunehmender Angst und verminderter Leistungsfähigkeit in Beruf und Familie. Diese Situation stürzt Kinder und Mütter jeden Tag in eine Krise.“ (Das weibliche Gehirn, Hamburg 3/2007, S.177)

Schweden hat nach 25 Jahren eingesehen, dass die ganztägige Krippenbetreuung ab dem Alter von sechs Monaten in die gesellschaftliche Katastrophe führt. Seit 2008 gibt Schweden für Betreuung der Kleinkinder bis zum Alter von drei Jahren den Eltern denselben Betrag, den der Staat dafür aufwenden müsste.

Untersuchungen haben gezeigt, dass bei Kleinstkindern der Augenkontakt mit der Mutter Gehirnregionen aktiviert, die im Kontakt mit anderen Personen unverändert bleiben. Auch wird das Urvertrauen in den ersten drei Jahren aufgebaut. Kinder, die in Krippen aufwachsen, zeigen später erheblich mehr Aggressionen, haben einen deutlichen Hang zu Suchterkrankungen und leiden unter Bindungsunsicherheiten. Das kann zu sozialer Verwahrlosung führen, was man gerade verhindern möchte.

Eine Elternbeziehung auf den Feierabend oder auf das Wochenende zu reduzieren kann niemals zu einem gesunden Selbstwertgefühl führen. Hier muss der Staat die Familie attraktiver machen durch finanzielles Entgelt, durch Erleichterung bei der Einstellung von Haushaltshilfen. Was sich derzeit politisch abspielt, ist ein Drama und ein ideologisch bedingtes Armutszeugnis. Man muss nicht alle Ausführungen von Eva Herman bejahen, aber ich gebe ihr recht, wenn sie im Buch „Das Eva-Prinzip" schreibt, „dass die Feminisierung in der Erziehung viele Jungen und jugendliche Männer in eine schwere Leistungs- und Identitätskrise geführt" habe.

Die so wichtige Bindung an Mutter und Vater während der ersten Lebensjahre legt den Grundstock für künftige Beziehungsfähigkeit. Wer sie besitzt, tut sich auch leichter mit der heutigen beruflichen Mobilität, wenngleich häufige Arbeitsplatz- und Wohnortwechsel den sozialen Bindungen nicht guttun. Man ist kaum geneigt, sich tiefer und langfristig einzulassen.

Diese oberflächliche und unverbindliche Atmosphäre schlägt sich auch im Fernsehen nieder, beispielsweise in den blitzschnellen Bildschnitten, in den pausenlosen Folgen von unterschiedlichen Themen, in den mal kurz angekratzten Themenbereichen bei Talksendungen und im ständigen Unterbrechen von Filmen durch nervige Werbeblöcke. Da wird jede Intensität und Konzentration verhindert. Es wird nichts richtig zu Ende geführt, nur angeschnitten, aufbereitet, angedeutet, am Textband (sogenannte Bauchbinde) vorbeigeschleust, oben rechts und unten links mal schnell eingeblendet. Man geht von der Katastrophenmeldung mit 120 Toten nahtlos über in die Comedysendung; „Guten Abend und jetzt das Wetter". Beziehungslosigkeit pur. Das führt zur „abgeschnittenen Erlebnisfähigkeit" (Heidrun Hankammer), eine weitere Ursache fürs Wegschauen.

In unseren Kaufhäusern oder Shopping-Centern spiegelt sich die Beziehungslosigkeit im Fehlen des Personals wider. Niemand da, der beraten kann, in Ruhe wirklich hilft, einfach präsent ist. Der einzelne Kunde ist völlig wurscht, Hauptsache, die Kasse stimmt. Während im Tante-Emma-Laden noch eine persönliche Begrüßung stattfindet, ja ein kleines Gespräch zustandekommt (Heute: Small Talk), steht man als Käufer im Supermarkt völlig einsam und verloren vor den Regalen und sucht vergeblich.

In unseren Amtsstuben kommt man unter glücklichen Bedingungen nach einer halben Stunde dran, aber wehe, das Telefon läutet. Das hat Vorrang. Als ich einmal nach zwanzig Minuten Wartezeit am Schalter stand, hatten zwei Telefonate Priorität. Jedes Mal musste ich mich gedulden, bis die Anrufer „abgefertigt“ waren. Als es zum dritten Mal läutete, sagte ich: „Ich rufe Sie morgen an. Dann komm ich sofort dran.“

Handy-Botschaften, Chatrooms und Cybersex, all diese Automatisierungen bewahren uns vor wirklicher Nähe und am Ende sogar vor unseren eigenen Gefühlen. Wir meiden die Nähe und sehnen uns doch nach ihr; wir wollen geliebt werden und sind nicht imstande, Liebe zu geben.

Das Erlebnis einer Scheidung kann bei Kindern Angst vor der eigenen Ehe auslösen. Sie haben die Scherben gesehen, den schmutzigen Rosenkrieg mitbekommen, wurden teilweise zwischen den Eltern zermahlen und bangten um den Erhalt von Papa oder Mama. Aus Angst, selbst einmal Opfer zu werden, stellen sie sehr hohe Ansprüche an den Partner, in der irrtümlichen Meinung, bei einem so perfekten Menschen vor Scheidung bewahrt zu werden. Andere unterwerfen sich dem Partner, um ihn nicht zu verlieren, binden sich zu stark an ihn und – verlieren ihn. Bindungsstile sind stets Reaktionen auf das Bindungserlebnis der Eltern. Unerwünschte Kinder, zu kurz gekommene Sprösslinge und durch Verwöhnung Gebundene entwickeln unsichere Bindungen. Das Vertrauen ist kaputt.

Wo Eltern sich immer streiten, wo der Verlust eines Elternteils durch Scheidung droht und wo ein Kind nicht ausreichend genug körperlich berührt (umarmt, gestreichelt, geküsst) wird, verkümmern seelische Anteile. Ein solches Kind will vielleicht die Eltern froher machen oder strafen, an sich binden oder abstoßen, entlasten oder belasten.

Immer mehr sexuell missbrauchte Menschen suchen unsere Therapie auf. Sie leiden unter Schuldgefühlen, Ängsten, Zorn und sind nicht imstande, eine emotionale Annäherung auszuhalten; denn sie könnte ja missbraucht werden. Wo Onkel, Vater, Großvater oder Bruder sexuelle Übergriffe tätigen, zerstören sie die Seele des Kindes. Deshalb drohte ihnen Jesus die größte Strafe an: Sie sollten besser mit einem Stein beschwert in die Tiefen des Meeres versenkt werden.

Eines Tages erhalte ich die SMS eines jungen Mannes. „Ich bin Lukas, 22 Jahre alt. Ich habe Sie schon oft erlebt und frage, ob Sie an die Stelle meines Vaters treten wollen. Ich suche eine väterliche Bezugsperson.“ Zunächst glaubte ich an einen Irrtum, an einen Scherz. Doch dem Studenten war es ernst. Er litt sehr unter der Abwesenheit seines Vaters.

In einem Gottesdienst kommt ein 12-jähriger Junge auf mich zu und bittet unter Tränen: „Pater, beten Sie, dass mein Papa zurückkommt.“

Wo Väter fehlen, entsteht eine gefährliche Lücke, die sich falsche Gurus, Pädophile und politische Führer zunutze machen. Eine solche Vaterwunde ist überall dort zu sehen, wo die leiblichen Väter ihre Kinder nie berührt haben. Diesen Kindern fehlt die männliche Energie. Das kann später, vor allem bei Mädchen, zu Essstörungen und bci Jungen zu übertriebenem Männlichkeitsgebaren führen.

Jungen müssen lernen, nicht zur Frau zu werden, andernfalls kommt es zur Überkompensation: martialisches Auftreten, Bestätigungssuche in rechtsradikalen Männerbünden, Macho-Gehabe, Allmachtsallüren, Hatz auf Homosexuelle.

Die Bindung zu Männern wird behindert in seriellen Monogamien der Mutter, also in kurzfristigen Beziehungen mit wechselnden Partnern, und in Strukturen, wo Männer fehlen. Angesichts der zunehmenden Kinderlosigkeit könnte dieses Problem aber bald aussterben.

Die mütterliche Zuwendung muss in der Regel nicht erbettelt werden; sie ist da. Hingegen fehlen oft die Väter, deren Rolle ins Schwanken geraten ist und deren Aufmerksamkeit leider zu oft erkämpft werden muss. Solche vaterlosen Kinder finden sich auffallend häufig in Sekten.

Ein besonders deutliches Beispiel für Bindungsunfähigkeit stellen Soziopathen und Narzissten dar. Da bei ihnen Leidensdruck und Krankheitseinsicht fehlen, gibt es keine Therapiemöglichkeit. Beide Typen konnten kein normales Selbstbewusstsein entwickeln, da sie bereits im Kleinkindalter jeglicher liebenden Zuwendung entbehrten. Infolge dieses Mangels fehlt ihnen auch das Mitgefühl; sie benutzen den Mitmenschen lediglich als Mittel zum Zweck, als Objekt der egoistischen Befriedigung, als Dekoration. Spruch des Narzissten: „Meine Frau und ich lieben uns sehr."

Man kann sagen, dass sie in der infantilen Phase stehen geblieben und noch angewiesen sind auf die Zuwendung der anderen, bevor sie selber in der Lage sind, sich anderen liebevoll zuzuwenden. Insofern ist unsere Gesellschaft stark narzisstisch geprägt, auf Ausbeutung und Versklavung fixiert, mit dem Ziel einer oralen (Essen, Verwöhnung) oder analen (materielle Bereicherung, Besitz) Einverleibung.

Nicht nur die Familie zerfällt, auch religiöse und politische Gruppierungen leiden unter Mitgliederschwund. Verbindlichkeiten stören. Man will frei sein, ungebunden, möglichst wenig Verantwortung haben und Fantasien ausleben. Und das alles ohne Bezug zur Wahrheit, Moral, Disziplin.

Einer meiner Mitbrüder sprach auf der Straße zwei junge Frauen an, die mit Minirock und Nonnenhaube daherkamen, auf der Brust ein großes Kreuz und auf dem T-Shirt die Botschaft: „Ich bin eine Sünde wert." Zur Rede gestellt, meinten sie: „Wir betreuen eine Jugendgruppe und machen gerade ein Stadtspiel. Es geht darum herauszufinden, wie die Menschen reagieren, wenn man sie mit dem Ungewöhnlichen provoziert."

Beide zeigten weder Scham noch Fähigkeit zur Selbstkritik. Wie, so fragt man sich bestürzt, soll da die betreute Jugend zur Reife herangeführt werden? Wer ist hier der Verantwortliche? Was sagen die Eltern, wenn sie denn überhaupt wissen, was hier abgeht?

„Ich kann nach keiner Orientierungsmarke segeln, die ich mir selber an den Bug meines Schiffes genagelt habe. Letzte Ausrichtung kann nur außerhalb von mir sein", meint zu Recht Peter Hahne. „Deutschland verblödet" war ein BILD-Titel, und das noch vor der desaströsen Pisa-Studie.

(Apropos Pisa: In einer TV-Quiz-Sendung mit Thomas Gottschalk über den Bildungsstand der Deutschen mussten alle Gäste ein kurzes Diktat über sich ergehen lassen. Der beste Gast hatte sieben Rechtschreibfehler. Meine fast neunzigjährige, volksschulgebildete Mutter, die das Diktat am Fernseher mitmachte, hatte nur einen Fehler: Sie schrieb „hanebüchen" mit sch. Was sagt uns das?)

Wenn die Eltern abwesend sind, wenn die Schulen keine ethischen Maßstäbe aufzeigen, wenn die Politiker versagen und jede Blasphemie mit der Meinungsfreiheit absegnen, wird alles beliebig. Diese Beliebigkeit, die sich als Toleranz tarnt, ist inzwischen eine unheilige Allianz eingegangen mit der Unmoral, die sich in den Mantel der Freiheit gezwängt hat.

Es gibt sie noch: Mütter, die zugunsten ihrer Kinder den Job ruhen lassen, und Väter, die sich Zeit nehmen für ihren Nachwuchs. Es gibt noch die Männer und Frauen, die genügend Courage haben, sich nicht dem Zeitgeist zu beugen. Es gäbe noch viel mehr, wenn der Staat die finanziellen Rahmenbedingungen schaffen würde, die es Eltern ermöglichten, sich mehr den Kindern zuzuwenden.

Schon mal was gehört von der pathologischen Trauerreaktion? Das ist der Teufelskreis, in den jene Väter hineingeraten, die selbst in ihrer Kindheit eine Vaterentbehrung erlitten haben und nun aufgrund der eingebüßten Bindungsqualität ihren eigenen Kindern nicht genügend emotionale Zuwendung schenken können. Dieser Zusammenhang ist den meisten nicht bewusst. Verlust hat Trauer zur Folge. Wenn die Trauer nicht gelebt wird, schlägt sie um in eine Gefühlsleere, wobei der Tod des Elternteils nicht so schwerwiegend ist wie der Verlust durch Scheidung.

In religiöser Hinsicht kann das eine Abwendung von Gott-

Vater zur Folge haben. Er ist schuld an der Misere, er hat das Leid zugelassen, er ist hassenswert.

Vier Tage nach seiner Enthüllung ist das Papstdenkmal vor der Traunsteiner Pfarrkirche St. Oswald Opfer eines Farbanschlags geworden. Unbekannte haben die Bronzebüste mit roter Farbe besprüht und auf den Sockel geschrieben: „Gott ist an allem schuld." Man muss nicht Psychologie studiert haben, um zu erkennen, welche gekränkten und vaterlosen Seelen hier am Werk waren.

Doch zum Trost alleinerziehender Mütter sei gesagt: Jede Vaterentbehrung kann gut verarbeitet werden, wenn die Mutter genügend Zuwendung gibt und Verantwortung zeigt. Es wäre fatal, den Eindruck zu erwecken, Alleinerzieher würden automatisch ichschwache Kinder aufziehen. Der Staat ist aufgefordert, solchen alleinerziehenden Müttern oder Vätern finanziell unter die Arme zu greifen und sie nicht mit lächerlichen Centbeträgen abzuspeisen.

Je weniger wir Mitgefühle bekommen, desto mehr suchen wir nach Ersatz. Im schlimmsten Fall sind es dann Drogen. Je weniger wir reale Kommunikation haben, desto mehr flüchten wir in die virtuelle Begegnung. So machen Handys und Computer durchaus Sinn: Sie sind praktisch und schnell, aber auch anonym und Sucht fördernd. Bisweilen sind sie nervig.

Ich sitze in meinem Stammlokal „Café Central" in Freising draußen unterm Sonnenschirm. Um mich herum reges Treiben. Ich lese meine Pflichtlektüren „Spiegel", „Focus", „TZ" und „Stern", nippe zwischendurch an einem Bananenmilch-Shake, immer wieder unterbrochen von schrillem, brummendem und melodiösem Handyklingeln. Das wäre ja nicht so störend, wenn nicht die Angerufenen plötzlich ihre Stimme anschwellen ließen. Alle sind genötigt mitzuhören. Sie schreien, als wenn der Adressat am anderen Ende der Welt leben würde. Ihnen muss man sagen, dass es egal ist, wo der andere jetzt steckt. Neben mir sitzt einer und macht auf Typ Macho: „Jo, jo. Scho klar. – Joooo, is eh klar. – Naaaa, jo. Freilich. – Wos is? – Naaaaaaaaaa. Okay. – Servus." Nach diesem aufschlussreichen Gespräch legte er sein Mini-Handy auf den Tisch; dabei glitzern goldene Armreife an seiner solargebräunten Hand und eine noch goldenere Uhr, vermutlich Made in China.

Da ertönt eine weibliche Stimme hinter mir: „Ja Vroni, das ist aber schön, dass du anrufst. Wie geht`s dir? – Schlecht? – Ja wo steckst du denn gerade?" Ich drehe mich um und sage: „In der Klemme, sie steckt in der Klemme." (Gott verzeih mir diese plötzliche Eingebung.) Und dann zur Bedienung gerichtet: „Frau Schröder, zahlen bitte!"

Die Reglementierungswut und die Entmündigung des Bürgers

Wir sind ein Volk von Bürokraten. Der Amtsschimmel wiehert in den privatesten Nischen. Wir müssen nicht mehr eigenständige und selbstverantwortliche Entscheidungen treffen, wir müssen nur funktionieren und dic Gesetze befolgen. Wer aber kennt schon Tausende von Paragrafen auswendig? Und die fünftausend Gesetzesvorschriften der Finanzbehörden? Wehe, es übersieht einer das Kleingedruckte. Abgesehen davon schützt Unwissenheit nicht vor Strafe. Big brother hat längst seine Augen und Ohren überall, Big brother heißt derzeit Schäuble.

Eine der positiven Seiten des Fernsehens ist seine Bemühung, solche bürokratischen und juristischen Nonsens-Entscheidungen aufzudecken. Dabei fällt auf, dass die verantwortlichen Behördenvertreter, Firmenbosse, Hausvermieter, Inkassoeintreiber, Telekommanager, Versicherungsagenten und Stadtwerkechefs meist kneifen, wenn sie vor die Kamera gebeten werden, um ihre Maßnahmen zu begründen. Klar doch, ein Reflex von Gewissen und ein Relikt von Menschenverstand rührt sich selbst bei ihnen noch, und so verdrücken sie sich, wenn Reporter klingeln.

Mitgefühl? Ein Fremdwort. Da schiebt man „Sachzwänge" vor oder die „Gesetzeslage" oder „notwendige, zugegebenermaßen etwas komplizierte Interna" und lügt, dass sich die Balken biegen. Es geht einzig und allein um Rechthaben, um Geld, um die eigene Haut. „Ja, uns tut es ja auch sehr leid. Aber Sie müssen verstehen …" Nichts müssen wir verstehen. Das kann keiner verstehen, der noch einen Funken Verstand hat.

Da erhält eine Imbissbudenbesitzerin in München vom Finanzamt einen Steuerbescheid von 2,1 Milliarden Euro. Korrekt wären 108,82 Euro gewesen. Da das Finanzamt trotz Einspruch der Frau nicht reagierte, wurde ein Steuerberater eingeschaltet, dessen Honorar auf 2 Millionen Euro veranschlagt wurde. Hinzu kamen noch Anwaltskosten von 600 000 Euro. Weil die rechte Hand nicht weiß, was die linke tut, passieren solche Fehler, die den Steuerzahler sehr viel Geld kosten, immer wieder. Bestraft wird die arme Frau, nicht der Sachbearbeiter.

So weit, so schlecht. Wer hier weder Nerven noch das nötige Kleingeld hat, muss nachgeben und allenfalls bei der nächsten Wahl zum zigsten Mal jene Partei wählen, die es besser zu machen verspricht. Aber wer glaubt denn da noch dran?

Gewissensangst wird in Strafangst verwandelt; geringfügige Vergehen – und seien sie auch nur Irrtümer – werden verfolgt. Da kennen wir Deutsche in unserer Gründlichkeit kein Pardon. Wo kämen wir denn hin, wenn …

Um Gesetzesbrecher und aufmüpfige Bürger endlich zur Raison zu bringen, schreien gewisse Politiker noch lauter nach Vorschriften. Inzwischen wird auch Schulschwänzen hart bestraft (wegen Pisa, oder?), und wer eine rote Ampel nachts um drei Uhr in einer menschenleeren Straße übersieht, wird zweifach bestraft: Geld her und Punkte drauf. Da sind wir mächtig stolz drauf. Das Ergebnis: Noch nie hat eine derartige Reglementierungsmanie tatsächlich etwas verbessert, schon gar nicht die Moral des Bürgers.

Und dann unsere Justiz. Wenn man der unabhängigen Forschung glauben kann, hat die Gefängnisstrafe – so wie sie sich heute immer noch darstellt – kaum jene läuternde Wirkung, die man sich verspricht. Ich kenne diese kleinen Zellen aus eigener Erfahrung. Nein, Reue und Besserungsschwüre kommen da nicht auf, eher Wut und Verbitterung. Häftlinge werden in diesem System unselbstständig gemacht, verlieren sogar den Rest an sozialen Bindungen, weil die Besuchsregelung katastrophal aussieht. Die ganze Familie wird mitbestraft. Das ist keine pädagogische oder rechtlich vernünftige Maßname, sondern eine kaschierte Form von Rache. Horst-Eberhard Richter weist darauf hin, dass sich unsere Rechtspraxis in einem paranoiden Zirkel bewegt, indem sie auf die Verletzung ihrer Regeln mit eigener Verfolgung antwortet („Wer nicht leiden will, muss hassen", S. 74).

Ein junger Mann, der zwei Jahre in Untersuchungshaft sitzt, bittet mich um die Adresse eines Therapeuten, weil er kurz vor dem Suizid stehe. Die rüde Behandlung durch Mithäftlinge, ja sogar durch eine Aufsichtsbeamtin, setzt ihm zu. Kurz bevor dann ein Kontakt mit dem Therapeuten anberaumt war, wurde er plötzlich entlassen, weil seine Unschuld erwiesen war. Nun hatte er Job, Wohnung und Auto verloren. Weil er während der Haftzeit die Miete nicht zahlen konnte, hat der Vermieter alles an sich gerissen und verscherbelt. Wie ist so was möglich? Und niemand war da, der dem jungen Mann nun half. Familie hatte er keine. Das treibt mir die Wut in den Bauch.

Die Hochwasser- und Sturmschäden ruinieren viele Menschen. Sie haben oftmals keine Elementarversicherung abschließen können, weil keine Versicherung dazu bereit war oder die Beitragssumme zu hoch ausfiel. Regelmäßig sprudeln nach solchen Katastrophen vollmundige Versprechen aus der Kehle der Politiker („unbürokratische Soforthilfe"), doch die Zusage ist offenbar mit den Häusern in der Flut ersoffen. Diese Komödie wiederholt sich alle Jahre. Wenn sie nicht zu traurig wäre, müsste man sich totlachen. Das wäre aber auch sehr traurig.

Wo der Staat seine Fürsorgepflicht vernachlässigt, wächst

bürgerliche Verbitterung, haben Rechtsradikale Hochkonjunktur. Und dann wird der Ruf nach mehr Strafen wieder hörbar. Ein Teufelskreis, der nicht zu wahrer Moralität führt, sondern zu einer Scheinverantwortung. Das geht so weit, dass sich am Ende das Opfer selber mit dem Staat identifiziert, also mit seinem „Täter", und auf diese Weise jedes Mitgefühl mit anderen Opfern verdrängt. Dieses Bündnis mit dem „Täter" dient als Mittel zur Abwehr erlittener Verletzungen. Bekannt ist dieses Arrangement bei Entführungsfällen, in denen das Opfer zwecks Überleben mit dem Täter eine Verbindung eingeht, im extremsten Fall sogar gemeinsame Sache macht.

Was Politiker mit den Bürgern machen, machen Erzieher mit den Kindern. Gewiss nicht alle. Aber immer noch zu viele. Neunzig Prozent der befragten Kinder haben das Empfinden, dass ihre Eltern (und teilweise auch die Lehrer) siebzig Prozent der Zeit nur schimpfen und tadeln. Hingegen meinten die Erwachsenen, sie würden höchstens zwanzig Prozent der Zeit meckern.

Vielen ist nicht bewusst, dass übertriebenes Reglementieren die Menschen dumm machen kann. Wer eine starre und regelbetonte Erziehung erlitten hat, mag vielleicht gut in der Schule sein, aber zur Lebensweisheit reicht es nicht. „So stoßen sie stets auf die Grenzen ihrer Autoritätsgläubigkeit und Lebensangst, die alle Flexibilität einschränken. Anstelle von Anpassungsfähigkeit tritt Schematismus und Pedanterie, anstelle von Realitätseinsicht Vorurteil; anstelle von Denken das Wiederkauen gelernter Formeln und Regeln; anstelle von Vernunft der Dogmatismus; anstelle von Verständigungsbereitschaft die Rechthaberei." (Josef Rattner: Der schwierige Mitmensch. Olten 1970, S. 103)

Immer dann, wenn sich Erzieher, Eltern, Vorgesetzte und Politiker unter Druck gesetzt fühlen, und sei es nur durch Appelle an ihre Verantwortung, verstärkt sich deren autoritäres Verhaltensmuster. Sie treten kämpferischer auf, aggressiver, restriktiver. Dies ist die Folge einer völlig unterbewussten Angstabwehr. Wo Menschen Angst vor Ablehnung oder Versagen haben, tritt eine gewisse Aggression oder auch Arroganz auf den Plan. Die menschliche Ebene, d.h. die Empathie, kommt zu kurz. Wer je eine überforderte Mutter und einen gestressten Vater erlebt hat, weiß um deren Überreaktion: Sie verstärken Strafmaßnahmen und engen den Entscheidungsraum des anderen ein. Sanktionen sind beliebte, weil bequeme Antworten auf die eigene Unfähigkeit, Konflikte anders zu lösen. Die Ignoranz der Mächtigen hinsichtlich barmherziger und einfühlender Entscheidungen hat schon bei vielen Adrenalinsausschüttungen ausgelöst.

Gott und christliche Werte spielen keine Rolle. Es ist bezeichnend, dass seine Name aus der Verfassung gestrichen wurde und dass das Kreuz nicht mehr im Kanzleramt hängt.

Wir Deutsche sind ein Volk der Weggucker und der Angepassten. Wir greifen nicht ein, wo man es tun müsste. Wir sitzen vor der Glotze und leiden unsäglich unter der Reglementierungswut, tun aber nichts dagegen. Die Mehrheit will aus gerechten Gründen einen Mindestlohn einführen. Weil das aber möglicherweise die Faulheit fördern könnte, spricht einiges dagegen. Sollen wir nun die Mehrheit der arbeitswilligen Menschen bestrafen, indem wir ihnen den Mindestlohn vorenthalten, bloß weil das Drückeberger ausnutzen könnten? Das Ohnmachtsgefühl, das sich infolge fehlender Mitbestimmung ausbreitet (die Schweizer haben es da besser), hat zur Folge, dass wir uns nicht gegen Angriffe und Ungerechtigkeiten angemessen wehren können. Das können vielleicht die Reichen und Mächtigen, nicht aber Otto Normalsklave.

Mir fällt auf, wie stumm und sprachlos viele Menschen sind, wenn es darum geht, sich zu verteidigen, sich zu wehren. Die Erziehung hat ihnen die Sprache verschlagen; sie durften sich als Kinder schon nicht zur Wehr setzen, wurden bestraft und entmündigt. Jetzt sind sie nicht imstande, ihren Mund aufzumachen. Oft wissen sie nicht einmal zu sagen, was sie fühlen oder – noch extremer–, dass sie überhaupt zu Unrecht angegriffen wurden.

Man kann mit Paragrafen totschlagen. Gewalt ist ja nicht nur physisch zu begreifen, es gibt sie auch auf der seelischen Ebene. „Kinder haben ein Recht auf gewaltfreie Erziehung", verkündet seit November 2000 das Bürgerliche Gesetzbuch. Wer da nur an Schläge denkt, aber weiterhin mit Verbot von Eigenständigkeit droht, handelt dagegen. „Schläge haben uns nicht geschadet", meinte ein älterer Mann, und wackelte sehr lange mit dem Kopf; er ist seit Jahren in Behandlung wegen seiner Hautprobleme.

Das bayerische Kultusministerium (wer ist das eigentlich?) wollte einer blinden Lehrerin die Lehrerlaubnis nicht erteilen mit den Argumenten: Sie braucht Hilfe. Sie wird mit schwierigen Schülern nicht klarkommen. Sie braucht zu lange bei Klassenarbeitskorrekturen. Sie klagte dagegen mit Hilfe eines blinden Anwalts. Die Geschichte machte Furore in der Presse. Schließlich hat das Landesgericht die Argumente des Ministeriums abgeschmettert mit dem Hinweis, dass eine Frau, die ein Studium komplett ohne Hilfe geschafft hat, sehr wohl ihre Selbstständigkeit bewiesen hat. Außerdem könne es für die soziale Entwicklung der Schüler von Vorteil sein, eine blinde Lehrerin zu erleben. Es kann dazu ermutigen, eigene Defizite und Behinderungen anzupacken. Endlich mal ein menschliches und juristisch würdiges Ergebnis.

Während des Autofahrens schalte ich das Radio ein. Das darf ich. Per Gesetz. Aber das Handy einschalten trotz Freisprechanlage darf ich nicht. Wer auch nur einen Meter gurtlos fährt, um seinen Wagen besser zu positionieren, etwa am Straßenrand, macht sich strafbar. Er muss sich angurten. Es könnte ja sein, dass … Und wehe, Sie überfahren den durchgezogenen Mittelstreifen. Weil wir alle Eventualitäten bedenken müssen, kommt es zu einer Flut von Detailvorschriften, die inzwischen selbst Juristen nicht mehr kennen. Nicht auszudenken, wenn wir mal ein Detail vergessen haben! Dann müsste zwar der gesunde Menschenverstand entscheiden, aber den gibt es bei Behörden nicht. Da könnten ja alle kommen …

Jetzt werden wir mit seltsamen lustigen Werbetexten berieselt: „Spielen Sie Lotto! Werden Sie Millionär! Noch heute! Nur wer Lotto spielt, kann gewinnen!“ Und dann folgt dieser warnende Hinweis, ganz schnell von einer anderen Stimme gesprochen: „Achtung. Glücksspiele können süchtig machen. Hilfe unter www.xyz.de.“ Oder dieser hier: „Bei Kopfschmerzen nehmen Sie doch einfach Aspirin. Und Ihr Kopf ist wieder frei. In allen Apotheken. Aspirin.“ Und nun noch ganz schnell: „Fragen Sie Ihren Arzt oder Apotheker …“

Haben wir vielleicht ein schlechtes Gewissen? Müssen wir auf die Gefahren unserer Produkte eigens hinweisen? Warum aber werben wir dafür? Ich schlage Ergänzungen vor: „Beck’s. Ah, tut das gut! Zisch und frisch. Beck’s!“ Und jetzt ganz schnell und leise: „Achtung. Alkohol kann abhängig machen. Fragen Sie zuerst Ihren Wirt oder Ihre Mutter.“

Der Staat traut uns eine gewisse Mündigkeit und Kritikfähigkeit nicht zu. Er glaubt nicht, dass seine Bürger richtig entscheiden und selbstständig denken können. Klar doch, er hat es ja mit seiner Paragrafenflut verhindert. Da muss alles und jedes vorgeschrieben werden. Wer da aus vernünftigen Gründen anders handelt, wird bestraft. Wie in einer richtig kaputten Familie. Der Hintergedanke ist dieser: Je schmerzlicher die Sanktion, desto anständiger der Mensch. Warum zum Teufel hat das noch nie funktioniert!?

Ich plädiere hier nicht für eine Laisser-faire-Erziehung oder für generelle Straffreiheit. Es geht mir um das Maß, um das Motiv und um die Methode. Natürlich müssen gefährliche Kriminelle weiterhin in Verwahrung bleiben, und selbstverständlich brauchen Kinder Grenzen. Wir Therapeuten erleben hautnah die Folgen der unterschiedlichen Erziehungsmethoden und kommen zum Ergebnis, dass nur der partnerschaftliche Umgang zur Würde und Eigenverantwortung führt, etwa wenn Eltern sozusagen auf der Augenhöhe der Kinder kommunizieren, wenn sie Probleme und Störungen in Ruhe besprechen und dabei auch mal die Kinder zu Wort kommen lassen. Kinder haben einen ausgeprägten Gerechtigkeitssinn und ein Gefühl für andere. Selbst Schwererziehbare können wieder integriert werden, wenn sie das Gefühl von Wert haben und nicht dauernd Misstrauen ernten.

Eine Politesse, die sich hie und da nur auf eine freundliche Mahnung beschränkt und nicht gleich zum Strafzettel greift, und ein Beamter, der zuhört, statt abzublocken nach dem Motto: „Sie haben sich strafbar gemacht, das wird geahndet. Ich vertrete das Gesetz …", vermitteln jene Wärme, die wir im Land missen. Aber Politessen müssen eine Mindestmenge an Strafmandaten ausstellen, und das Selbstwertgefühl mancher unerbittlicher, korrekter Knöllchenverteilerin scheint mir doch sehr verbesserungswürdig.

Ich parkte in Frankreich meinen Wohnwagen am Rand eines Golfplatzes. Meine Freunde und ich frühstückten gerade draußen vor dem Mobil, als ein Polizist herantrat.

„Messieurs, bonjour, je me réjouis bien, que vous avez choisi une place très merveilleuse. Mais il n`est pas permis de parquer ici. Je pense, que vous retournez à votre Camping après une heure. Je vous souhaite encore un bon séjour. Bon voyage." („Guten Tag, meine Herren. Ich freue mich, dass Sie sich einen so schönen Platz ausgesucht haben. Aber es ist hier nicht erlaubt zu parken. Ich denke, dass Sie in einer Stunde zum Campingplatz zurückkehren. Noch einen schönen Aufenthalt. Gute Reise.")

Wir waren überwältigt von diesem Charme und haben von da an verbotene Plätze gemieden, nicht aus Angst vor einer Strafe, sondern aus Empathie für diesen Beamten. Merken Sie den feinen Unterschied in den Motiven?

Wie gesagt, Grenzüberschreitungen müssen vernünftig begründet werden, andernfalls sind angemessene Restriktionen ebenso vernünftig. Ich sagte „angemessen". Und da hapert`s oft. Unsere Maßnahmen sind oft überzogen und sinnlos. Es tut mir in der Seele weh, wenn ich in meiner Umwelt beobachte, wie hilflos und unmündig viele geworden sind, weil man sie jahrelang kurzgehalten hat und ihnen Entscheidungen abnahm.

Als ich die Teilnehmer einer Gruppentherapie bat, einem jungen Mann ein Feedback zu geben, kam eine Flut von positiven Meldungen, was ihm die Tränen in die Augen trieb. Eine solche liebende Zuwendung hatte er nie erfahren. Jetzt war er so ergriffen davon, dass er weinte. Zum ersten Mal spürte er etwas von dem, was man wohl „liebenswert“ nennt.

Es gibt auch jene, die nie Grenzen erfahren haben und nun grenzenlos frech, unsozial und schamlos sind. Sie werden beizeiten an ihrer eigenen Würdelosigkeit zugrunde gehen, nämlich durch die Erfahrung fehlender Freunde, vor allem aber durch die bittere Erkenntnis nie erworbener Selbstachtung.

Jesus hat die einen hart angefahren und zurechtgewiesen, die anderen umarmt. Wieso? Er wusste um die unterschiedlichen Hintergründe. Tatsächlich müssen auch wir die Menschen unterscheiden: Der eine kommt zur Besserung, wenn er Verantwortung übernehmen darf, wenn er also spürt, dass man ihm vertraut; und dem anderen muss man ins Gewissen reden, nicht moralisierend, sondern mitfühlend. Es wird auf diese Weise nicht alles gelöst, aber vieles verbessert.

Mir fällt auf, wie viele Männer ihren Frauen Eigenständigkeit verbieten. Sie dürfen nicht verreisen, nicht zu lange wegbleiben, nicht mit jedem Kontakt pflegen usw. Begründet wird das mit Verantwortungsgefühl und schlechten Erfahrungen. Seit wann aber ist der eine für die Entscheidung des anderen verantwortlich? Hier handelt es sich um „erwachsene“ Menschen, bei denen einer den Anspruch erhebt, den anderen zu besitzen. Mit Liebe hat das nichts zu tun. Es ist erstaunlich, wie viele Frauen ihre Verantwortung abgeben und dem Mann Macht über sich einräumen. Dies ist nur erklärbar aus ihrer Kindheit, in der sie von den Eltern beherrscht wurden oder aber eine starke elterliche Führung vermissten. Jetzt erfahren sie in der eigenen Ehe eine Form von Führung, die zur Unterwerfung geworden ist. Frauen, die ihre Not nicht am Telefon aussprechen dürfen („mein Mann schlägt mich sonst tot“), die sich sämtlichen Entscheidungen des Mannes beugen müssen („Was soll ich machen? Es gibt sonst Unfrieden!“) und die ihren Kindern keinen Schutz vor der Tyrannei des Mannes geben können („dann wird er gehen, und ich bin doch auf sein Geld angewiesen“), haben schon als Kinder jene Mechanismen der Macht gespürt und sich nicht entziehen können. So leiden sie doppelt: an dem Unverständnis des Partners und an der Unfähigkeit, sich zu wehren.

Ein Staat, der den Bürger zu stark reglementiert und mit Strafandrohungen zur fragwürdigen Unterordnung nötigt, wird schuldig an seinem Volk. Erlittenes Unrecht macht widerspenstig oder gefügig. Mündige Erzieher legen Wert auf konfliktfähige Kinder, die früh eigenständig werden und angstfrei das Leben wagen. Ihnen sind eigenwillige Kinder lieber als fremdwillige. Weil diese aber nicht immer pflegeleicht sind, sind Verbote und Strafen kurzfristig erfolgreich, langfristig eine Katastrophe.

Ein weiteres Beispiel für die Reglementierungswut ist der Verkehrsschilderwald in unseren Städten und Straßen. Man sieht vor lauter Wald den Baum nicht mehr und erreicht mit noch so vielen Hinweisen keine Besserung. Die Reizüberflutung hat längst den Pegel des Erträglichen überschritten.

Selbst in unserem Bildungs- und Therapiezentrum sind genügend Hinweise angebracht, die zu den Zimmern, Gruppensälen und diversen anderen Räumlichkeiten führen sollen. In den Treppenhäusern, in den Etagen und im Fahrstuhl weisen farbige Wegfinder darauf hin. Dennoch gibt es immer wieder Menschen, die sich verirren oder vor der richtigen Tür stehen, die Aufschrift aber nicht sehen. Dieses Phänomen wird kaum zu beheben sein mit weiteren Schildern und größeren Aufschriften. Die Sättigung unseres Gehirns führt zu einem Plateauphänomen, das uns blind macht für die unmittelbaren Informationen. In diesem Zusammenhang sei auf die praktisch nicht verwertbaren Fluchtwegbeschilderungen hingewiesen, die in vielen Hotelzimmern aushängen. Viele an den Türen angebrachte Zettel sind Kopien detaillierter Baupläne des Architekten mit völlig unnötigen Zeichnungen der Zimmereinrichtungen. Da sieht man vor lauter Details den eigentlichen Fluchtweg nicht. Doch wir haben die Vorschriften erfüllt. Völlig unbrauchbar und realitätsfremd. Tatsächlich kommt es in unserem Denken einzig und allein auf die Befolgung der Vorschriften an; es wird nicht danach gefragt, inwieweit sie Sinn macht. In den südlichen Ländern fällt auf, dass Autofahrer durchaus über eine rote Ampel fahren, wenn es der Verkehr erlaubt. Und Baustellenausfahrten gelten nur als verbindliche Geschwindigkeitsbremser, solange da wirklich gearbeitet wird.

Jeder Autofahrer weiß es zu schätzen, wenn der Grund für Geschwindigkeitsbeschränkungen auf einer geraden sechsspurigen Autobahn genannt wird, etwa „Vorsicht: Starke Windböen". Es gibt wunderbare „Rennstrecken", die man nicht nutzen kann, weil sie auf 100 km/h begrenzt sind. Warum? Bei Holledau ist eine solche Strecke. Und keiner hält sich dran, nicht einmal die Polizei. Kann es sein, dass sich der Autofahrer manchmal blöd vorkommt, wenn so gar nichts auf die Notwendigkeit einer Tempobegrenzung hinweist? Das Argument „das wird schon seinen Grund haben" greift nicht, weil einfach zu viele unvernünftige Maßnahmen geschehen sind.

Eine Erziehung, die alles vorgibt, kaum eigene Entscheidungsfreiheit lässt und sogar Fehler wie Irrtümer unangemessen bestraft, wird angepasste, zwanghaft absichernde Kreaturen erzeugen, die dieses Struktur- und Rubrikendenken als Tugend an die eigenen Kinder weitergeben. Auf diese Weise wird ein System geschaffen, das bloß mutige Verweigerer infrage stellen. Nur so erklärt sich das Ergebnis des verhängnisvollen Experiments des Amerikaners Milgram, der Versuchspersonen durch einfache Vorgaben dazu brachte, einem Menschen Schmerzen zuzufügen, wenn dieser eine Frage falsch beantwortete.

Solange wir durch Gehorsam sündigen und nicht durch Rebellion, werden wir weiterhin gleichgültig sein gegenüber dem Leid anderer. Wir werden weiterhin passive Konsumenten züchten, die ihrem langweiligen Leben hier und da einen Kick versetzen, indem sie sich Gewaltfilme reinziehen, an Autobahnen Unfallopfer begaffen und beim Fotografieren die Helfer behindern, und bei der termingerechten Schnäppchenjagd im Kaufhaus andere fast tottrampeln. Jeder ist sich selbst der Nächste. Wie will der Staat das in den Griff bekommen? Mit noch mehr Strafen, weiteren Reglementierungen? Es wird nicht gelingen, weil das Unternehmen bereits im Ansatz falsch ist. Die Wurzel muss im Elternhaus gesucht werden: Hier findet Menschwerdung statt. Und solange Familien nicht attraktiv unterstützt werden, solange junge Menschen ohne Arbeit bleiben und gutes Potenzial im Land vergammelt, weil Gewinnmaximierung und Vorteilnahme an oberster Stelle stehen und kaum geahndet werden, solange Banken für Existenzgründungen kein günstiges Darlehen anbieten und jeder Schufa-Eintrag das Leben zur Hölle macht, stinkt der Fisch am Kopf.

Ein Freund hatte einen solchen Schufa-Eintrag. Weil er seine Arbeit infolge der Insolvenz eines Betriebs verlor, konnte er viele Rechnungen nicht mehr bezahlen. Er musste sich eine billigere Wohnung suchen und mit Gelegenheitsarbeiten durchschlagen. Da er aber keinen festen Arbeitsplatz vorweisen konnte, bekam er keine Wohnung. Das Arbeitsamt sagte ihm zwar die Mietkostenübernahme zu, gab es aber nicht schriftlich, sodass er dem Vermieter gegenüber nichts in der Hand hatte. Dieser entwürdigende Prozess zog sich hin. Er lief zur Verbraucherberatung, zur Schuldnerberatung, wieder zu den verschiedenen Ämtern und Behörden und legte so einen beachtlichen Spießrutenlauf hin. Sein Frust steigerte sich. Ich steckte ihm hin und wieder kleine Geldbeträge zu, lud ihn zum Essen ein und mietete schließlich auf meinen Namen eine Wohnung an, in der er leben konnte. Das galt als Untermiete und war auch verboten. Mir war es egal. Manchmal kann Wut helfen, etwas in Gang zu bringen. Jetzt hat er wieder einen Job, eine Wohnung und eine Würde.

Gleichgültigkeit und Wegschauen als Ausdruck der Depression

Die so viel beschworene Toleranz, deren sich moderne Zeitgenossen rühmen, ist wohl eher eine Form von Gleichgültigkeit. Es ist uns doch völlig egal, was der andere denkt und tut, solange er nicht der beste Freund ist.

Da nichts mehr verbindlich zu sein scheint und da auch religiöse Wahrheiten relativiert werden nach dem Motto „jeder nach seiner Fasson", sind wir „existentiell lethargisch und sozial apathisch", wie Heiko Ernst dies in seinem Buch „Wie uns der Teufel reitet" schreibt.

Weil wir immer mehr das Gefühl haben, sowieso nichts ändern zu können, verharren wir in einer Lähmung und Teilnahmslosigkeit, die verheerend sind. Angesichts der telegenen Katastrophenmeldungen und täglichen Überflutung mit Mord und Terror und der Ohnmacht im eigenen Land ziehen wir uns in die Resignation zurück.

Viele schauen weg, wenn in der U-Bahn Fahrgäste angepöbelt oder bedroht werden. In München konnte eine Bande Jugendlicher einen Bettler fast totschlagen, obwohl genügend Passanten hätten eingreifen können. Angst regiert die Welt. Und Angst war von jeher ein schlechter Ratgeber. In Halberstadt überfallen Neonazis eine Theatergruppe und Schaulustige stehen tatenlos daneben.

Hinzu kommt, dass der Helfer selten den angemessenen Lohn erhält; ich meine nicht das Verdienstkreuz oder Geld, sondern die soziale Achtung; denn immer wieder beklagen sich Retter, dass sie in polizeiliche Ermittlungen verwickelt werden und auch noch Verdächtigungen ausgesetzt sind.

Dennoch: Unsere Gesellschaft schafft Wegseher, die nicht so sehr von der Angst, sondern von der Gleichgültigkeit getrieben werden. Das Mitgefühl ist weggerutscht, weil die Selbstachtung fehlt. Das hat eine tief liegende depressive Komponente:

Wo ein Kind keine stabile Zuwendung erfährt, wo es nicht

lernt, mit Konflikten angemessen umzugehen, oder gar Gewalt erfährt, wächst eine Ahnung von Verlassenheit und Hilflosigkeit. Ein solcher Mensch fühlt sich nie kompetent, bleibt unsicher und unentschlossen. Es ist diese Unentschlossenheit und Zögerlichkeit, die ihn lähmt und die ein sozial verantwortliches Handeln fast unmöglich macht.

Gleichzeitig hat der materielle Wohlstand zur Bequemlichkeit geführt. Den Deutschen fehlt im europäischen Vergleich vor allem Kreativität und Zivilcourage. Sie mögen fleißig sein und pünktlich, aber besonders mutig und originell sind sie nicht. Wo immer eine Unterordnung unter die Hierarchie gefordert wird und wo im Kindesalter schon der Gehorsam gegenüber Erwachsenen einseitig als immer noch höchste Tugend gepriesen wird, fehlt jede Übung zur Eigenständigkeit und zum spontanen Handeln. Da schauen wir lieber weg, lassen die Dinge liegen, warten auf Anordnung von oben. Wie gehabt.

Zum eigenmächtigen Handeln – und jedes spontane Eingreifen ist eigenmächtig – werden Kinder zu wenig erzogen. So übersehen viele Menschen die Möglichkeiten, Gutes zu tun. Der bundesdeutsche Michel konzentriert sich mehr auf Forderungen, weniger auf eigenverantwortliches Handeln. Zum Ausgleich für seine konsumorientierte Passivität spendet er viel. Tatsächlich sind die Deutschen großartige Spender, wenn es darum geht, den durch Hochwasser und Erdbeben Geschädigten zu helfen. Damit lässt sich aber auch sehr geschickt das schlechte Gewissen kaschieren.

Die Depression ist weit verbreitet und hat viele Gesichter. Ob es nun hilfreich ist, sie in Kategorien zu unterteilen, mag dahingestellt sein. Ob Burn-out oder Midlife-Crisis, ob neurotisch oder endogen, ob hormonell oder exogen, larviert oder agitiert, es bleibt sich letztlich gleich: Immer haben wir es mit einer Hilflosigkeit zu tun, von der manche sagen, sie sei gelernt, also in Kindheitstagen schon eingeübt. Ob Eltern in verwöhnendem Stil den Kindern die Probleme abnehmen oder sie mit Forderungen überladen, führt zum gleichen Ergebnis, nämlich zu einem depressiven Denkmuster.

Dazu gehören Symptome wie Sinnleere, Glaubensverlust, Ängste, Hoffnungslosigkeit, Minderwertigkeitsgefühle, körperliche Funktionsstörungen, Schuldgefühle, Rückzug und Antriebslosigkeit. Allen gemeinsam ist ein Mangel an Emotionalität und Sozialverhalten.

Im Fernsehen wird über alles und jeden getalkt. Hat es je etwas geändert? In der Politik, im Wirtschafts- und Sozialwesen, im Denken und Tun der Deutschen? Nur dort, wo konkret Fehler und Ungerechtigkeiten angemahnt und Ross wie Reiter genannt werden, bewegt sich etwas. WISO, MONA LISA und QUEER gehören hier zu den wenigen wirklich brauchbaren Sendungen.

Kleinkinder sind naturgemäß hilflose Wesen; eine gute Erziehung, die ihnen emotionale und körperliche Zuwendung gibt (ohne dass unterschiedslos jedes Schreien mit sofortiger Fütterung abgewürgt wird oder gar unbeantwortet bleibt), stärkt das Selbstwertgefühl. Spätere rechtzeitige Abnabelung durch Ermutigung zu selbstständigem Handeln nährt das Selbstbewusstsein. Und die verbale Anerkennung kleiner Erfolge bei gleichzeitig sparsamem Gebrauch von Tadel hebt das Selbstvertrauen. Wenn nun so viele Menschen in unserem Land zu Depressionen neigen und notwendige Einmischungen und Hilfeleistungen unterlassen, wenn sie keine emotionale Zuwendung geben können und auch kaum Mitleid verspüren, ähneln sie Kleinkindern. Im Klartext: Sie sind infantil.

Ich begegne nicht nur im Rahmen therapeutischer Maßnahmen defizitiären Menschen; wo immer man hinschaut, erkennt man sie schnell: die chronischen Nörgler, die betulichen Jasager, die nervigen Besserwisser, die moralischen Selbstgerechten, die zwanghaften Geizhälse, die narzisstischen Machos, die hysterischen Effekthascher, die lärmenden Querulanten, die großkotzigen Feiglinge und die Dauerschuldbewussten: „Pardon, dass ich geboren bin, es soll nicht mehr vorkommen.“

Es gibt auch jene, auf die das klassische Bild des Depressiven nicht zutrifft; die weitaus meisten sind untypisch depressiv.

Sie empfinden sich als rastlos, sind leistungsorientiert und wollen stets einen guten Eindruck machen. Sie treten selbstbewusst auf, verbergen ihre seelische Not, wenn sie sie denn überhaupt kennen. In ihrer Biografie finden sich gehäuft Missbrauch, Vernachlässigung, Verlustereignisse, zu frühe Übernahme von Verantwortung u.a.

Das Symptom unserer heutigen Gesellschaft ist die Vereinzelung. Das Single-Leben überwiegt; allein in München leben 60% Singles. Sie pflegen durchaus soziale Beziehungen, jedoch oft eher unverbindliche, oberflächliche, kurzlebige. Der hohe Anspruch, sich und anderen gerecht zu werden, sowie die Aufgabe, in eigener Verantwortung alles entscheiden zu müssen, führen schnell an Grenzen. Das macht vielen Angst; es folgen die Resignation, der Rückzug, die Depression.

Der Zerfall traditioneller Bindungen und Werte, die Vereinsamung der Menschen sowie die wachsende Mobilität dürften weitere Gründe für den depressiven Zustand sein. Dies muss aber nicht ausschließlich negativ gesehen werden; denn in allen Krisen sind auch Chancen verborgen. Wer die Schuld nur bei sich sucht und die Situation als unveränderbar erlebt, wird kaum eine „produktive Depression" haben.

„Ich versage immer." – „Ich mache alles falsch." – „So was passiert nur mir." – „Es ist alles meine Schuld." … Solche Denkmuster lähmen. Sie sind die faulen Früchte einer Erziehung, in der dem Kind ständig seine Unfähigkeiten vorgeworfen wurden. Man weiß, dass jahrelanges Einreden der Unfähigkeit die Gehirnstruktur verändern kann: Der linke vordere Hirnlappen, zuständig für positive Gefühle, ist deutlich weniger aktiv. Das macht antriebslos. Darüber hinaus ist der Hippocampus kleiner ausgebildet als bei seelisch Ausgeglichenen. Der Hippocampus hilft beim Erlernen neuer Beziehungen.

Welche Typen fühlen sich nun verantwortlich und couragiert genug, die Polizei einzuschalten, wenn sie beim Nachbarn oder Untermieter wiederholt laute Schreie hören oder seit Tagen einen seltsamen Geruch im Treppenhaus vernehmen? Wer greift ein angesichts in Not geratener Mitmenschen, sei es, dass diese geschlagen und getreten werden, sei es, dass sie in den Fluss gefallen oder im brennenden Auto gefangen sind?

Um das zu können, braucht man eine gute Portion gesunden Selbstbewusstseins, eine Mischung von Mut, Eigenverantwortung und Selbstakzeptanz. Die drei Jungen, die den bewusstlosen Mann aus dem Isarkanal gezogen haben, überlegten nicht lange. Und Helden wollten sie auch keine sein. Die Erwachsenen schauten gebannt zu.

Eine Mutter, vollbepackt mit Tüten und Taschen, zieht ihr ca. vierjähriges Kind hinter sich her, das schreit. Es ist sehr heiß. Die Mutter, offenbar völlig überfordert und gestresst, versetzt dem Kind einen Schlag auf den Kopf: „Jetzt gib Ruhe! Wir sind gleich zu Hause!" Das Kind schreit noch lauter; die Passanten schauen und schütteln den Kopf. Nun fällt der Mutter eine Tüte auf den Gehsteig; dabei reißt sich das Kind von der Mutter los und läuft weg. Die Mutter, vollends aufgelöst, schreit dem Kind nach: „Kommst du sofort zurück! Monika, komm her!" Sie rennt dem Kind nach und schlägt es ins Gesicht, auf die Arme, auf den Po. Natürlich schreit das Kind noch lauter. Die Passanten bleiben stehen und schauen. Jetzt entschließe ich mich einzugreifen.

„Kommen Sie, ich trage Ihre Taschen. Aber schlagen Sie Ihr Kind nicht. Sie sind ja beide völlig gestresst."

„Es geht. Ich mach das schon", antwortet sie etwas unwirsch. Und eilt mit dem Kind an der linken und den Taschen an der rechten Hand von dannen.

Man muss keine allzu große Fantasie haben, um zu erahnen, welche Folgen dieser Umgang für das Kind haben wird. Eine Mutter, die sich in der Öffentlichkeit so ungehemmt präsentiert, wird sich im geschützten familiären Bereich kaum anders verhalten. Schlagende, schreiende Mütter, abwesende Väter, zuschauende Passanten – das ist der Stoff, aus dem die Albträume sind.

Wer sich einmischt, muss mit Gegenwehr rechnen. Wer Probleme aufdeckt, erlebt kaum schuldbewusstes Eingeständnis, eher aggressives Unverständnis. Man deckt zu, leugnet, verharmlost, kehrt unter den Teppich. So schafft man Lebenslügen, die bei den betroffenen Kindern zu einer Gewissensqual werden; denn sie dürfen nach außen nichts preisgeben, was unsäglich am Selbstwertgefühl nagt.

Und da ein solches Kind sein Opferdasein nicht gestatten, aber auch nicht abgeben kann, ist es genötigt, zum Schutz vor Schmerz und Scham alles zu verdrängen. Dies geschieht dadurch, dass es sich mit dem Täter identifiziert (und dann sogar Mama oder Papa verteidigt) oder andere Kinder zum Opfer macht oder seine Puppe zerstört, um sich zu befreien. So entstehen überangepasste Kinder, die außerhalb der Schule und Familie zu kleinen Tyrannen werden können.

Verdrängte Angst und Wut mindern die Wahrnehmungsfähigkeit; es entsteht ein blinder Fleck auch in der Selbstwahrnehmung sowie ein Gefühlspanzer, der vor künftigen seelischen Verletzungen schützen soll. Klar doch, dass ein solcher Mensch kein Mitgefühl haben kann und lieber wegschaut als einzugreifen.

Wie war das mit der Judenverfolgung, den Boykottaufrufen und Hetzkampagnen unter Hitlers Schergen? Was hat den Boden bereitet für eine solche unglaubliche Passivität im Volk? Ich habe keine andere Erklärung als die preußische Tugend des Kadavergehorsams, jene angstbesetzte Untertanenmentalität, die Anordnungen von oben nie infrage stellte, geschweige denn verweigerte. Nur deshalb konnte ein Hauptmann von Köpenick sein Ziel erreichen. Uns fehlen gesunde Neinsager, authentische Befehlsverweigerer und couragierte Einmischer. Wir werden nämlich sehr viel mehr schuldig im Gehorsam als in der Rebellion; wir versagen viel mehr durch das, was wir nicht tun.

Gleichgültige Menschen sind nicht besonders böse, aber auch nicht besonders gut. Der Soziologe Wolfgang Sofsky sagte im Deutschlandradio „Kultur“ am 8.1.2006: „Ihre Sinne sind blind, ihre Moral ist stumpf. Was immer geschieht, es kümmert sie wenig. Dies sind die Lauen und Unentschlossenen im Land, die Menschen ohne Leidenschaft, die Gleichgültigen."

Wo religiöse Werte, etwa die christliche Aufforderung zur tätigen Nächstenliebe, fehlen, kommt es zu einer moralischen Verödung.

Ich erinnere mich gut, wie ich in Dresden in einer abseits gelegenen, menschenleeren Straße einen Fahrer antraf, der seinen defekten Wagen von einer Einfahrt wegschieben wollte. Ich half ihm dabei, was sich aufgrund der holprigen, kaputten Straße als ein Kraftakt entpuppte. Ich sah, wie ein Mann hinter seinen Gardinen zuschaute. Als ich demonstrativ auf ihn blickte, verschwand er. Solche Fälle, in denen Gaffer verborgen hinter Vorhängen, Brückengeländern und Litfaßsäulen stehen, sind Legion.

Noch einmal dazu Wolfgang Sofsky: „Um sich herauszuhalten, muss man so tun, als sei man blind. Dafür aber muss man sehen, was man nicht sehen will. Der Gleichgültige ist mitnichten ahnungslos. Er weiß soviel, wie er wissen will. Was er nicht weiß, das will er nicht wissen. Das aber heißt, dass er sehr wohl genug weiß, um zu wissen, was er nicht wissen will."

Nun ist es nicht so, dass jeder Gaffer vorsätzlich keine Hilfe leisten möchte; vielmehr fehlt ihm das soziale Engagement, das nie eingeübt wurde. Er ist schlichtweg antriebslos, in gewissem Sinn gewissenlos. Da es sein Herz nicht erreicht, bleibt er kalt.

Ob man in Amtsstuben täglich Akte um Akte in gleichbleibender Antriebslosigkeit bearbeitet – völlig abgekoppelt von emotionaler Betroffenheit –, ob man in der Politik seit Jahren dieselben Versprechungen macht und dabei längst den Kontakt zum Bürger verloren hat oder ob man täglich am Bildschirm Zeuge von Hungersnöten und Bürgerkriegen wird, über allem schwebt der Gedanke: „Ich kann ja sowieso nichts daran ändern. Sollen das die Politiker machen!" Und jeder weiß, dass sie es nicht machen. Also schauen wir weiterhin weg oder aber organisieren uns in Initiativgruppen, unterstützen Menschenrechtskommissionen, Kinderschutzbünde und fangen endlich an, unsere Kinder zur sozialen Verantwortung, Zivilcourage und Eigenständigkeit zu erziehen.

Vielleicht sollten wir uns einmal den § 323c anschauen, der uns zur Hilfeleistung verpflichtet: „Wer bei Unglücksfällen oder gemeiner Gefahr oder Not nicht Hilfe leistet, obwohl dies erforderlich und ihm den Umständen nach zuzumuten, insbesondere ohne erhebliche eigene Gefahr und ohne Verletzung anderer wichtiger Pflichten möglich ist, wird mit Freiheitsstrafe bis zu einem Jahr oder mit Geldstrafe bestraft."

Nicht auszudenken, wie viele Gaffer in unseren Gefängnissen säßen!

Die Medien fördern den Narzissmus

Ein kleines Kind wird geschlagen. Die Eltern sind nicht besonders liebevoll, meinen aber, schon früh dem Kind beibringen zu müssen, was gut und was schlecht ist. Unerwünschtes Verhalten wird eben bestraft, notfalls mit ein paar Klapsen. Umarmungen und Streicheleien sind eher rar, sodass das Kind kein stabiles Ichgefühl aufbauen kann.

Kleinkinder unterscheiden noch nicht zwischen ihrem Selbst und ihrem Körper. Wird ihr Körper geschlagen, wird auch ihr Selbst verletzt. In der weiteren Folge kann dies zu einem gestörten Selbstwert- und Körpergefühl führen, d.h. sie lehnen sich selbst ab, weil sie ihren Körper nicht mögen, der ja auch von den Eltern nicht gemocht wird. Denn würden die Eltern das Kind mögen, gäbe es mehr Umarmungen, Küsse, Streicheleinheiten. Möglicherweise liegt hier auch der Beginn späterer Essstörungen.

Dieses quälende Erlebnis von Abwertung führt zu Bemühungen, sich durch Leistungen oder besseres Aussehen Zuwendung zu verschaffen. Dies wäre noch keine neurotische Verhaltensweise; sie wird es erst durch den Grad ihrer Selbstbezogenheit und Selbstüberschätzung.

Die Medien liefern gerade solchen narzisstisch gestörten Menschen ein Forum zur Selbstdarstellung; da kann man innerhalb von Wochen von einem Nobody zum Superstar aufsteigen, um dann nach einigen Wochen wieder tief zu fallen. Bei „Big Brother“ tummeln sich junge Leute im Container, die jede Bewegung, jedes Wort, jede Interaktion einem Millionenpublikum preisgeben. Narzissten sind hochgradig exhibitionistisch veranlagt; denn ihr überzogenes Körperbewusstsein braucht eine Bühne. Leider aber ist der Hunger nach Bewunderung unermesslich; es gibt keine dauerhafte Sättigung. So bleiben sie auf jener kindlichen Stufe stehen, in der sie ihr Selbst nicht abkoppeln konnten von äußeren Dingen wie Körper, Besitz, Erfolg. Also legen die einen all ihr Augenmerk auf ihre äußere Erscheinung, die anderen auf materiellen Wohlstand und wieder andere nur auf berufliche Erfolge. Im schlimmsten Fall finden sich alle drei in einer Person. Auch das wäre alles nicht sonderlich unnormal, wenn das Ausmaß bescheiden bliebe. Da alles relativ ist, gibt es eine breite Grauzone.

Wer täglich von irren Honoraren, Wahnsinnsgagen und Millionenabfindungen liest, muss schon sehr bodenständig sein, um nicht in Begehrlichkeiten zu fallen. Die Medien wecken Sehnsüchte und bieten deren Erfüllung an: In Talk-Sendungen werden Schönheitsoperationen gezeigt, die schon bei Halbwüchsigen durchgeführt werden; es werden in Mittagsmagazin-Sendungen Promis am Fließband präsentiert, Reiche und Schöne, Exzentriker und Künstler, denen es nachzueifern gilt. Ruhm und Reichtum scheinen in greifbarer Nähe zu sein. Das Lustprinzip herrscht vor. Manchmal kommen unrealistische Allmachtsfantasien hinzu.

Narzissmus ist Größenwahn. Er zeigt sich auch auf nationaler Ebene, wenn Amerika die höchsten Türme baut und nun die Vereinigten Arabischen Emirate einen noch höheren Turm hingestellt haben. Er soll 690 m erreichen und nennt sich Burj Dubai. Damit fällt der Rekordturm Taipeh 101 in Taiwan zurück. Angst vor Ohnmacht vermag Sucht nach Allmacht auszulösen;

dann sind die höchsten Türme der Welt stets auch die Symptome einer nationalen Angstabwehr. Wer eine Nation tief demütigen will, braucht nur ihre Türme zu bombardieren. Immer schon hatte der impotente Despot dicke Zigarren im Mund und noch dickere Autos unterm Hintern. Jetzt hat er auch noch Türme. Handys sind die einzigen Objekte, bei denen Männer sich streiten, wer das kleinere hat.

Selbstüberschätzungen sind stets Versuche der Abwehr alter Kindheitswunden. Gleichzeitig werden andere abgewertet mit Hilfe übler Nachreden und Verächtlichmachung. Die Medien sind voll davon. Wem kann man noch Glauben schenken?

Die Medien liefern unbewusst dem narzisstischen Kriminellen ein weiteres Motiv für seine Taten: Er will in die Öffentlichkeit kommen und ein Star werden. Nichts einfacher als das. So bekommt der plaudernde Mörder seinen erwünschten Bekanntheitsgrad, der Fernsehsender seine hohe Einschaltquote und das Publikum seine spannende Reality-Show. Was will man mehr? Hauptsache: das Lustprinzip kommt zur Geltung.

Narzisstische Menschen reagieren sehr empfindlich auf Kritik. Mitunter kommt es vor, „dass ein narzisstischer Mensch seine Demut zum Gegenstand seiner Selbst-Bewunderung macht“, schreibt Erich Fromm in „Die Seele des Menschen“. Die heftige Reaktion auf Ablehnung oder Zurechtweisung erklärt sich aus seiner Angst vor Einsamkeit, die er zu verdecken versucht hinter einer inszenierten Selbstaufblähung. So fühlt er sich sehr wichtig, will bewundert werden, hat aber kaum Einfühlungsvermögen, ist eher ichzentriert und sucht bevorzugte Behandlung. Um diese zu bekommen, setzt er allen Charme ein, alle Verführungskünste. Dabei weiß er genau, wie er sich in Szene setzen muss; denn er ist ein Schauspieler.

Er lebt vom Publikum. Ob er in der Kindheit verhätschelt oder dauernd missachtet wurde, ist nicht immer klar.

Wo immer Vorgesetzte, Erzieher oder Politiker überzogen reagieren, einen abrupten Stimmungswechsel zeigen, mit unangemessenen Sanktionen daherkommen oder einen Misserfolg ewig nachtragen, haben wir es mit narzisstischen Menschen zu tun. Hier verrät sich das typische Omnipotenzgebaren, das einhergeht mit Überheblichkeit und Rachegelüsten.

Ein weiteres narzisstisch geprägtes Verhalten besteht in der Umdeutung von Niederlagen in Erfolge. Das erleben wir nach allen Wahlen: Die Verlierer reden das Ergebnis schön, deuten es um zu ihren Gunsten, tun so, als ob der Stimmenverlust lediglich ein Zeichen dafür sei, dass der Wähler die Botschaft der Partei nicht richtig verstanden habe. Im Klartext: Die Partei ist völlig okay, der Wähler ist ein bisschen dumm.

Narzissten können keinen Konkurrenten vertragen. Sie werden alles tun, ihn zu vergraulen. Das Ausstechen des Nebenbuhlers, der Nebenbuhlerin wird ja in der MTV-Serie „Dimissed" deutlich genug vorgeführt. Nur wenn der in sich selbst Verliebte zu einem Kreis privilegierter Menschen gehört, etwa beim Filmfestival in Cannes oder beim Antreten der Promis zu den Wagner-Festspielen, dann vermag er seine Konkurrenz zu ertragen; denn deren Größe und Berühmtheit dient ihm als Bestätigung für seine eigene Wichtigkeit. Unterlegen und schnöde ist der, der nicht dazugehört. Also wir. (Damit behaupte ich nicht, dass alle Besucher der Festspiele Narzissten sind.)

Viele Partnerschaften mit narzisstischen Menschen gehen in die Brüche. Eifersucht, der Mangel an Empathie und die tiefliegende, unbewusste Selbstablehnung des narzisstischen Partners geben Stoff für ständige Auseinandersetzungen. „Meine Frau und ich lieben mich sehr", trifft die wahre Situation dieser Ehen. Immer auf Vorteil bedacht, erhalten die Betreffenden mehr, als sie selber geben, was auf Dauer die Beziehung zerstört. Niemals aber würde der Narzisst eine Schuld bei sich sehen. Er wird sagen: „Meine Frau wollte mehr, als ich geben konnte. Sie beklagte sich immer, ich sei zu distanziert und zu kühl. Dabei habe ich mich nur deswegen zurückgehalten, weil sie mir sonst auf den Nerv gegangen wäre."

Eine junge Frau wird von ihrem älteren Liebhaber, der ihr Vater sein könnte, auf subtile Weise bevormundet. Sobald sie eigenständige Entscheidungen trifft, mischt er sich ein, bremst sie oder macht ihre Entscheidungen madig. Er hat Angst davor, dass sie unabhängig werden könnte. Da sie sich teilweise seinen Kontrollen entzieht, findet er immer neue Mittel, sie an sich zu binden. So überhäuft er sie plötzlich mit Komplimenten und beteuert seine große Liebe zu ihr, lässt sie dann aber anderntags in einem Zustand depressiver Stimmung im Stich. Oder, gekränkt von der Gewissheit, dass sie sich seiner Bevormundung immer wieder entzieht, er verbündet sich mit ihrer Freundin, um sie zu reizen. Er spielt mit ihren Gefühlen, wohl wissend, dass sie sich nicht gänzlich von ihm lösen kann. Diese Hörigkeit nutzt er aus; zugleich bestraft er sie, wenn sie nicht auf seine sexuellen Forderungen eingeht: „Schleich dich, geh!"

Als sie wirklich geht, ist er beleidigt und zieht alle Register der Rache. Jetzt wird deutlich, wie unecht seine Liebe war, wie selbstbezogen und narzisstisch. Dass er seine Christlichkeit stets betonte und auf seine Opferbereitschaft hinwies, machte die Sache noch delikater; denn gerade in dieser Hinsicht blieb er ihr die Beweise schuldig.

Als sie dann zufällig entdeckte, dass er im Internet-Chat mit halbwüchsigen Mädchen Kontakt aufnahm, hat sie die Beziehung abgebrochen.

Wir haben es beim Narzissmus mit einer Charakterstörung zu tun, die kaum therapierbar ist. Ein festes Geborgenheitsgefühl, das unabhängig von Verdiensten dem Kind von den Eltern garantiert wird, ist während der infantilen Entwicklung unerlässlich. Andernfalls kommt es später zu sozialen Ausfällen und zu ständigen Bemühungen, das eigene Selbstwertgefühl aufrechtzuerhalten. So kommt der Mensch nicht mehr heraus aus seiner infantilen Selbstbezogenheit. Er benutzt die Mitmenschen als „Futter" für seinen steten Hunger nach Zuwendung und Anerkennung. Die Mutter-Kind-Beziehung ist bei solchen Menschen während der ersten Jahre nicht gelungen. Angst liegt jeder Neurose zugrunde: Angst vor Verlassenheit, vor Ablehnung, vor Versagen und Angst vor der Angst. Da alle Energien zur Verdrängung der Angst aufgebraucht werden, bleibt keine mehr zum eigentlichen Leben übrig. Es kommt zur Depression. Der Mensch lebt nicht mehr, er existiert bloß.

Die Medien stellen nun ein Forum dar, das Einzelnen die Möglichkeit bietet, aus ihrer Isolation herauszutreten und sich durch Inszenierung Beachtung zu verschaffen. Diese Beachtung ist ihnen sicher, aber ist sie auch eine Achtung? In die nachmittäglichen Talkshows werden Leute gekarrt, die als Publikum dienen und im Bündnis mit den Moderatoren die geladenen Talkgäste zu allen möglichen und unmöglichen Preisgaben ihrer schlimmsten Intimitäten hochschaukeln. Je exotischer, perverser, desto geiler. Schlammschlachten zwischen kaputten Menschen sollen die Quote sichern. Hier ist der ideale Tummelplatz für rachsüchtige, sensationslüsterne Menschen, die in ihrer Naivität glauben, Lebenshilfe zu bekommen. Oft genug, so erzählen mir Gäste, wurden sie durch geschicktes, manipulatives Fragen zu Aussagen verführt, die ihnen hinterher leid taten. In München haben sich inzwischen zwei Therapeuten auf geschädigte Talkshow-Gäste spezialisiert.

„Ich schaue gut aus, die Frauen fliegen auf mich. Und du? Du bist doch nur Scheiße. Schau dich mal an! Wer will dich denn haben?“

Das sagte ein 17-jähriger Schüler zu einem Gleichaltrigen; beide saßen vorne auf der Talkshow-Bühne und bewarfen sich eifrig mit verbalen Beleidigungen. Auf diesem Niveau geht das durch fast alle Sendungen. Das Publikum quietscht, applaudiert und merkt nicht einmal, wie es zum Opfer einer raffinierten Manipulation geworden ist. Dann tritt der Moderator bisweilen als mitfühlender, nachfragender Pseudo-Therapeut auf, verständnisvoll lächelnd, nach dem Befinden sich erkundigend und, wieder zum Publikum gerichtet, zutiefst auf Betroffenheit machend. Schließlich outet sich der dritte Gast als bisexueller Don Juan, der es jeden Abend mit einer oder einem anderen treibt, weil er so umwerfend sexy ist und sich auf Frauen wie Männer gleichermaßen versteht.

„Ich bin nun mal so, Gott hat mich so gewollt. Was will man da machen? Ich wäre ja blöd, die Frauen nicht auszunehmen! Die stehen ja auf mich.“ Das Publikum lacht.

Der Moderator: „Junge, du bist nicht wenig eingebildet. Hat dir noch keiner gesagt, dass du nur mit Gefühlen spielst?"

„Nee. Ich meine, die wollen ja nicht anders. Wer Sex will, kriegt Sex. Ich bin eben gut drauf."

Ein Mädchen aus dem Publikum: „Ich finde dich ehrlich gesagt zum Kotzen. Du bist ja so was von eingebildet. Bei mir kannst du nur abblitzen."

Der Junge grinst. Spielt den Coolen. Das unerfreuliche, peinliche Spiel endet mit der Ansage des nächsten Gastes: Es ist die Mutter dieses Jungen. Ich schalte den Fernseher ab, fühle mich nicht gut und frage mich, wie wird es diesem Jungen und seiner Mutter ergehen, wenn sie zurückkehren in ihren Wohnort?

Zugegeben: Nicht alle Talks sind abzulehnen; es gibt sogar die seltene Erfahrung gelungener Ausstrahlungen, in denen hilfesuchende Gäste zu ihrem Recht kommen, Versöhnung feiern, Freunde wiederfinden, zusammengeführt werden. Im Gesamtprogramm spielen sie jedoch nur eine bescheidene Rolle.

Die Indiskretion und der Verlust der Scham

Das moralische Handeln ist nicht angeboren; es gibt wohl einen angeborenen Instinkt, der sich unter richtigen Bedingungen entwickelt. „Das Lehren des Guten ist keine Garantie für moralische Erziehung", betont der Düsseldorfer Gymnasialdirektor Wulff D. Rehfus. Und: „Jugendliche verhalten sich nämlich genau so, wie sie es aus der Erwachsenenwelt gelernt haben. Die Erwachsenen haben genau die Jugend, die sie verdienen."

Während Kinder von sechs Jahren bei erlittenen Kränkungen noch an Rache denken, wissen Zwölfjährige um den Wert der Vergebung. Neurophysiologen wollen den Sitz der Moral an zwei Stellen im Gehirn lokalisiert haben. Wenn diese irreparabel verletzt werden, fällt der Moralinstinkt aus. Das wirft allerdings Fragen nach der Rechtsprechung auf. Sokrates nahm an, dass der Geist Daimonion die guten Entscheidungen einflüstert.

Ich war vierzehn Jahre lang Lehrer an Berufsschulen und Gymnasien und bestätige die Erfahrung, dass der Apfel nicht weit vom Stamm fällt. Jene Schüler, die Fäkal- und Gossensprache benutzten, entliehen sie dem Fernsehen, aber auch nur dann, wenn im Elternhaus dem nichts entgegengesetzt wurde. So lässt sich feststellen, dass sowohl in Familien als auch in den Redaktionsetagen der Medienanstalten Leute sitzen, denen das gesunde Urteilsvermögen abhanden gekommen ist und die keinerlei Absicht haben, zu einer moralisch integren Gesinnung zu erziehen.

Wenn Eltern ihre Kinder beschämen, so ist dies oft mit Macht und Demütigung verbunden. Hänseleien, Bloßstellung vor anderen und wüste Beschimpfungen haben schlimme Folgen für das betreffende Kind. Es wählt dann die aggressive Reaktion oder den Rückzug.

Ich erinnere mich noch an meinen Aufenthalt in einem Sanatorium. Es war nach dem Krieg, als ich mit sechs Jahren an TBC erkrankte. Mir schmeckte das Essen nicht sonderlich und eines Tages schob ich den Teller von mir weg. Doch die Stationsleiterin zwang mich zum Essen. Ich gab nach, musste aber erbrechen. Als sie dann in ihrem Zorn mich nötigte, auch das zu essen, warf ich den Teller auf den Boden. Zur Strafe nahm sie mich mit in ihr Nähzimmer, wo ich mit dem Gesicht zur Ecke mich „schämen" sollte. Sie machte sich an der Nähmaschine zu schaffen. Plötzlich fühlte ich Harndrang; doch sie gestattete mir nicht den Gang zur Toilette. Also urinierte ich in besagte Ecke, auf alles Unheil der Welt gefasst. Sie war außer sich vor Wut. Ich habe nie begriffen, wofür ich mich schämen sollte. Mir war eher daran gelegen, die Unverschämtheit bei der Stationsleiterin zu belassen.

Heute tritt eine neue Schamvariante hinzu: Kinder schämen sich, wenn ihre Eltern ihnen nicht die neuesten Markenartikel kaufen und sie so nicht mit dem Trend der Zeit mithalten können. Wer heute nicht lässig und megageil daherkommt, hat seinen Respekt verspielt. Da kann einer noch so sehr „öffentliches Ärgernis“ erregen; seine Scham stellt sich nur dann ein, wenn er das Gefühl hat, bei Seinesgleichen nicht anzukommen. Provokation, Indiskretion, Zurschaustellung aller Körperteile und Blasphemien sind Mittel zur Selbstdarstellung. Scham gibt es nicht; sie kommt allenfalls auf, wenn man nicht mit dem Strom der Erlebnis- und Spaßgesellschaft mitschwimmen kann.

T-Shirts mit Aufdrucken wie „Fuck you“ oder „Kleines Arschloch“ spiegeln die Gesinnung ihres Trägers wider. Autoaufkleber, Werbeplakate und Graffitis an Hauswänden dienen der Vermittlung provozierender Botschaften, die sich dem Gedächtnis einprägen. Je unverschämter und schamloser, desto einprägsamer. Wer heute noch gehört, gelesen und gesehen werden will, nutzt Kraftausdrücke und zielt nicht auf Information, sondern auf Erregung.

Im Sommer 2007 führte der Regisseur Luk Perceval auf der Perner Insel in Hallein bei Salzburg sein Stück „Molière. Eine Passion“ auf. „Das Stück strotzte vor dumpfer Triebhaftigkeit und der Schauspieler Thomas Thieme hat sich in die gewünschte Schamlosigkeit begeben. Da wurde kopuliert, onaniert, penetriert. Und das Publikum war feige genug, sitzen zu bleiben, bis auf einige, die sich beizeiten verdrückten.“ (Pressebericht der Süddeutschen Zeitung vom 31.7.07)

Die Jugend, die in einer solch gesellschaftlich perversen und unerwachsenen Gesellschaft aufwächst, hat es schwer, gegen die sogenannte künstlerische Freiheit anzugehen; sie hat es schwer, zu unterscheiden zwischen wirklicher Kunst und Schamlosigkeit, zwischen Erotik und Perversion, zwischen Ästhetik und platter Anmache, zwischen Selbstinszenierung und Selbstentfaltung.

Die Freudsche Bemerkung, dass der Verlust der Scham der Beginn des Schwachwinns sei, trifft zu. Denn von Intelligenz und Diskretion (Lat.: Unterscheidung, Verschwiegenheit) kann kaum noch die Rede sein. Dazu meint der Dozent Dr. Matthias Jung von der TU Chemnitz: „... spießig sind diejenigen, deren Lebensführung die Differenz zwischen dem, was wir sind, und dem, was wir sein wollen, selbstgefällig getilgt hat. Ein Spießer zu sein bedeutet: nicht teilzunehmen an der gemeinsamen Suche nach dem guten Leben, den beschränkten eigenen Horizont mit der Wirklichkeit gleichsetzen, ohne Rücksicht auf andere …" (Generation Trash, in: Psychologie Heute, Nov. 2003, S. 30 f.)

„Big Brother" ist nur eine Variante dieses Schwachsinns. Sie wirbt um exhibitionistische Kandidaten mit der Verlockung: „Wo sonst kann man Extreme ausleben wie hier?" Und es gibt genügend infantile Typen, die mitmachen.

Immer mehr Programme bedienen sich des Voyeurismus, der die Triebfeder für das Anschauen solcher Sendungen ist: „Brisant", „Taff", „Helfer mit Herz", „Gemeinsam stark" usw. Wir dürfen in die intimsten Probleme der Menschen blicken, nehmen teil an ihrem Leid, ohne wirklich leiden zu müssen, und können nach Bedarf von der sterbenden jungen Mutter rüberzappen zum selbstgefälligen Kabarettisten, der die Kirche mal wieder verhöhnt, und weiter zur öffentlichen Intimrasur bei einem privaten Sender. Wer hier den Fernsehabend moralisch überleben will, muss entweder keine Moral haben oder den Aus-Knopf drücken.

„Schämst du dich denn gar nicht, mit einer solchen Hose in die Schule zu gehen?", schimpfte die Mutter. Ihr Sohn trug die Baggy-Hose, jenes Schlabbertextil, dessen Hintern in den Knien hängt und dessen Hosenbeine die Straße fegen. Dazu natürlich stilgerecht Markenturnschuhe. Im Gesicht drei Piercings, auf dem Arm eine Tätowierung. So präsentiert sich der Bub, der seine Originalität zu zeigen vermeint und doch in der Masse untergeht. Dieses Outfit ist nicht Ergebnis seiner eigenen Entscheidung, sondern übernommene Mode einer Gruppe von Menschen, die sich bewusst von der Erwachsenenwelt absetzen will. Die Gruppe gibt Geborgenheit, stärkt das Wir-Gefühl; sie darf nicht nur negativ gesehen werden, da sie auf dem Weg der Identitätsfindung eine wichtige Rolle spielt. Wenn das Elternhaus versagt, verzögert sich die Entwicklung und kann in eine falsche Richtung laufen.

Ich traf einen Jugendlichen, der diese Mode nicht mitmacht. Er ist „konventionell" gekleidet, sozusagen adrett. Seine Mutter hätte nichts dagegen, wenn er sich anders kleiden würde. Er will aber nicht. Er sagt: „Ich mach den Modescheiß nicht mit. Ich brauch das nicht." Ist er krank? Ist er besonders mutig? Oder ist er einfach nur er selbst?

Wer heute als junger Mensch eine Meinung vertritt und einen Weg geht, der nicht der Mentalität seiner Gruppe entspricht, hat es schwer; es sei denn, er besitzt genügend Ich-Stärke. Die einen schämen sich, halb nackt herumzulaufen, die anderen schämen sich, total verhüllt durch die Straßen zu gehen. Scham ist kulturell verschieden und immer auch Teil der eigenen Familie, Gruppe, Kultur und Zeit.

Die gesunde Scham bremst egoistische Impulse und ermöglicht ein soziales Zusammenleben. Sie fühlt instinktiv, was „man" tun darf und lassen sollte. Übertriebene Scham (Prüderie) tut ebenso wenig gut wie ein gänzliches Fehlen.

Der Jahrmarkt der narzisstischen Selbstdarsteller trübt den Blick auf die Folgen existenzieller Schamlosigkeit. Tabuverletzungen, Beleidigungen anderer in der Öffentlichkeit (übrigens auch zunehmend festzustellen bei Bundestagsdebatten), Zurschaustellung sexueller Handlungen, Zwangsouten anders fühlender und anders denkener Menschen, Bekanntmachung von Fehlern der geschiedenen Partner, Handyaufzeichnungen von Schlägereien und Ausspionieren der Privatsphäre ... All das sind Symptome eines moralischen Verfalls. Die Würde und der vom Staat zugesicherte Schutz der Menschenwürde sind dabei, sich zu verabschieden. Nun bin ich kein Kulturpessimist; ich glaube, dass die alten Werte unter anderen Vorzeichen wiederkommen. Die Geschichte lehrt einen ständigen Zyklus. Auch Religion ist wieder im Kommen ...

Hartz IV-Empfänger, Ein-Euro-Jobber und Sozialhilfeempfänger schämen sich mitunter für ihre Situation. Viele beanspruchen erst gar nicht die ihnen zustehende finanzielle Unterstützung. Sie empfinden es als würdelos, bei Behörden anzustehen und oftmals „abgefertigt" zu werden.

Jahrelange Abwertung einer Person durch Demütigung, durch verbale und physische Gewalt führt zum Gefühl sozialer

Ausgrenzung. Aggressive Skinheads, verführte Neonazis, tobende Hooligans und „freie Radikale“ sehen sich als Verlierer dieser Gesellschaft und verstecken ihre Scham hinter der Maske von Gewalt und Terror. Weil die erlittene Beschämung so groß ist, schrecken auch Strafen oder Schmerzen nicht ab. Das wird alles überspielt mit martialischem Auftreten und dem demonstrierten Rückhalt in der Gruppe.

Kinder, die in der Schule versagen oder zu Hause nicht spuren und dann dafür ein „Schäm dich“ zu hören bekommen, sind verletzt. Diese Verachtung beschämt das Kind, das nun versucht, alle Wünsche der Eltern zu erfüllen oder alles zu vermeiden, was neuerlich zur Beschämung führen kann. Manche Kinder wählen die Aggression, um ihr zerstörtes Selbstwertgefühl wiederherzustellen. Dort, wo die Scham unterdrückt wird, weil man sich der Scham schämt, kommt es zu Depressionen oder – es sind immer die extremen Verhaltensweisen – zur Gewalt.

Das Fernsehen verbreitet eher das Bild einer kaputten Welt. So wird der Eindruck erweckt, als seien die Menschen allesamt gewalttätig und zu einer sachgerechten, fairen Konfliktlösung unfähig. Das hat auch etwas zu tun mit der Psyche der Produzenten. Entweder fühlt sich so ein Macher moralisch gut angesichts der Darstellung von Bösem, das er ja „nur“ als Realität präsentiert, oder er projeziert eigene Anteile seiner seelischen Abgründe. Und weil ein Konsument am Ende des langen TV-Konsums völlig erschöpft von der virtuellen Präsenz des Schamlosen einschläft, merkt er nicht, wie sehr er sich sein Gemüt vergiftet hat. Es ist wie bei einer Hypnose, wo das lange Fixieren eines Objekts den Blick einengt. In ihrer grandiosen Naivität glauben manche Zuschauer, dass Herr Wussow tatsächlich Prof. Brinkmann von der Schwarzwaldklinik war, und beschimpfen einen Schauspieler, der in der Serie den Fiesling spielte, auf der Straße. Auf dem 14. Revier der Hamburger Polizei erscheinen immer wieder Leute, die Jan Fedder alias Kommissar Dirk Matthies sprechen möchten, den sie aus der Serie „Großstadtrevier“ kennen. So etwas mag erheitern, wenn nicht daran erkennbar wäre, wie wenig kritisch und realitätsbezogen ein guter Teil des Fernsehpublikums ist.

Der Staat will mehr Zugriff auf die Privatsphäre, um Terror besser bekämpfen zu können. Wo liegen die Grenzen zwischen notwendiger Überwachung und Eingriff in die Persönlichkeitsrechte? Die Freiheits- und Menschenrechte werden immer mehr eingeschränkt. Auch wer nichts zu verbergen hat, will nicht überall beschnüffelt werden. Nicht jeder braucht bei intimen und ganz privaten Angelegenheiten Zuschauer. Großer Lauschangriff, Zugriff auf Privatrechner, Videoüberwachung an allen Ecken, automatische Kennzeichenerfassung, Kontoabfragen, Datenerhebung und -speicherung bei Fußball-Eintrittskarten, Kundendaten … Wieso werde ich beim Ausfüllen der Anmeldezettel in Hotels nach meinem Geburtstag gefragt? Warum dürfen Firmen meine Adresse und Telefonnummer verkaufen? Man versichert uns der Diskretion und spricht von Datenschutz. Aber die gibt es doch schon lange nicht mehr. Man sollte sich schämen.

Fundamentalismus als Schrei nach Sicherheit

Fundamentalismus ist kein einheitlicher Begriff. Ich meine hier den religiösen Fundamentalismus, der an die Stelle des Zweifels ein absolutes Wissen setzt und jede rationale Argumentation verweigert. Dass er zurück will zum Fundament des Glaubens, mag ihn ehren. Dass er dabei unerbittlich ist und dialogfeindlich, macht ihn fragwürdig. Solche Menschen wähnen sich auf der sicheren Seite Gottes; das macht die Sache nicht leichter. Ich kann verstehen, wenn jemand angesichts zunehmender Verunsicherung und Unverbindlichkeiten nach klaren Antworten sucht. Wer an die Lehren der Kirche glaubt, muss nicht fundamentalistisch genannt werden. Es gibt eine Grauzone, die übertreten wird, sobald man fanatisch wird und keinerlei Toleranz zeigt gegenüber anderen Denkweisen.

Immer wieder erhalte ich Anfragen von Christen, die besorgt und verunsichert nach einer differenzierten Bewertung von alternativen Heilverfahren und psychologischen Methoden fragen. Ihnen wurde von Mitgliedern charismatischer Gebetsgruppen gesagt, Homöopathie, Kinesiologie, Autogenes Training, auch Gruppentherapie oder Enneagramm seien für Christen schädlich, ja sogar dämonisch. Dieser Streit geht seit Jahren schon und hat seinen Ursprung in der fundamentalistisch geprägten amerikanischen Pfingstbewegung, die sich auf der ganzen Welt in Splittergruppen verteilt hat. Es gibt also keine einheitliche charismatische Bewegung und leider auch keine Erneuerung der Kirche, wie sie erhofft wurde.

Es herrscht die Meinung vor, alle aus dem heidnischen Raum stammenden Heil- und Meditationsverfahren seien abzulehnen, weil sie durchtränkt sind mit Selbsterlösungsideen, Anrufungen von Geistern oder unmittelbaren dämonischen Einflüssen. Das Kausaldenken ist dabei sehr schlicht: Weil jemand nach Behandlung mit Akupunktur oder durch den Kontakt mit einem Arzt, der pendelt, negative Empfindungen verspürt, liegt eine okkulte/dämonische Belastung vor.

Hier preschen in den letzten Jahren vor allem einige indische Missionare vor, die in deutschen Gemeinden mehr Verwirrung stiften als Klarheit. Bei mir läutet nach solchen Veranstaltungen das Telefon heiß; auch die Zentralen für weltanschauliche Fragen in Wien, Augsburg und München erhalten dauernd Anfragen, was sie zu regelmäßigen Veröffentlichungen über den Stand der Dinge veranlasst.

Infantil nenne ich hierbei die unkritische Übernahme pauschaler Dämonisierung der Alternativmedizin. Man muss sich fragen, welches Gottesbild solche Menschen haben.

Als ich einmal vorgab, Kopfschmerzen zu haben, beteten zwei Personen über mich, wobei mir gesagt wurde: „Du hast zwei Dämonen um dich herum. Eine Frau hat einen Fluch auf dich gelegt.“ Tatsächlich aber hatte ich gar keine Kopfschmerzen und fand dieses Vorgehen alles andere als „charismatisch“. Wer auf diese Weise Leute einschüchtert, handelt unverantwortlich. „Das ist nicht mit einem Beweis für die Existenz von Dämonen zu verwechseln. Wer den Teufel als Lückenbüßer für erkenntnistheoretisch nicht zu erklärende Phänomene einsetzt, verharmlost ihn“, schreibt die ehemalige Leiterin der Wiener Zentrale für Weltanschauungsfragen, Friederike Valentin.

Menschen werden verängstigt, sehen überall den Teufel, werden misstrauisch und sind nicht mehr imstande, ein erlöstes, frohes Christsein zu leben.

Es ist unbestritten, dass die Pfingstbewegung eine große Hilfe sein kann für Menschen, die auf der Schattenseite des Lebens wohnen; die Gottesdienste sind zugeschnitten auf Menschen, die nach unmittelbarem Gebet, nach Vereinfachung des Glaubens und nach Glaubenserfahrungen hungern. Was ich moniere, ist die vorschnelle Verwechslung von Geisterfahrung und Gruppendynamik, von seelischen Störungen und dämonisch bedingten Krankheiten. Das gilt nicht für alle Gruppierungen.

Die besten Erfahrungen habe ich mit Gebetsgruppen gemacht, die von einem Priester geleitet werden und eingebunden sind in die Ortskirche. Hier möchte ich Johannes Mohr erwähnen, der in Trier seit Jahrzehnten eine Gruppe leitet, ein Haus des Gebetes begründete und als offizieller Beauftragter gilt. Seine nüchterne Art bewahrt ihn und die anderen vor fragwürdigen Auswüchsen einer schieflagigen Spiritualität. Ich habe bei ihm eine neue, befreiende Gottesbeziehung erfahren dürfen. Wo aber frei flottierende Gruppen versammelt sind, ohne diözesane Einbindung, besteht die Gefahr einseitiger Frömmigkeit mit fundamentalistischem Einschlag.

Prof. Dr. Heribert Mühlen, der große Initiator und geistliche Vater der deutschen charismatischen Erneuerung, hat sich gegen Ende seines Lebens aus dieser Bewegung zurückgezogen, weil er über die Entwicklung enttäuscht war. Er erkannte das Abrutschen in neopfingstlerische Kleingläubigkeit und sektenähnliche Gruppendynamik.

Fundamentalisten sind ängstliche Menschen; sie suchen Absicherung und klare verbindliche Vorgaben, sonst werden sie von

Zweifeln geplagt über die Richtigkeit eines Tuns. Wenn dann der Vatikan in zwei Sätzen (mehr war es nicht) das Enneagramm infrage stellt, befleißigen sie sich, diese Aussage als päpstliche Verurteilung einer sehr brauchbaren und urchristlichen Charakterlehre zu verbreiten, ohne auch nur das geringste Wissen darüber zu haben.

Die Angst kann dann so tief liegen, dass sie keine Unterscheidung vornehmen können und in jedem auftretenden Wehwehchen den Beweis für die Schädlichkeit des Enneagramms sehen. Wie schwach muss ein solcher Glaube sein?! Wie groß das Misstrauen in Gottes Schöpfung?!

Fundamentalisten kennen keinen Zweifel, er wäre für sie unerträglich. Und da sie keinen Gebrauch machen von ihrem eigenen Urteilsvermögen, sind sie manipulierbar.

„Mir wurde gesagt, ich wäre verflucht. Eine andere Erklärung für meine vielen Probleme gibt es nicht. Meine Schwiegermutter hat es auf ihrem Sterbebett getan. Sie war gegen meine Ehe mit ihrem Sohn. Ich brauche einen Exorzismus."

Ich bestellte die Dame zu mir. In einer einzigen Sitzung wurde klar, wo ihre Probleme herkamen: Sie hatte in ihrem Leben sämtliche Bedürfnisse verdrängt, war stets angepasst und wagte keinen Widerspruch. Im Lauf der Jahre bekam sie Bluthochdruck, Herzrhythmusstörungen und vieles mehr. Im Traum erschien ihr eine Frau ohne Gesicht, einmal sogar eine Fratze. Als sie dies einer Freundin erzählte, meinte diese, es habe mit der bösen Schwiegermutter zu tun. Und dann setzte eine „Wahrsagerin" noch eins drauf: „Ich sehe, du bist verflucht!"

Die Frau im Traum war sie selbst: gesichts- und konturlos; die Fratze stellte ihre Angst dar. Das ständige Unterdrücken elementarer Gefühle und Wünsche führte zu psychosomatischen Erkrankungen. Sie war bereit, an unserer dreiwöchigen Heilenden Gemeinschaft teilzunehmen. Und sie erkannte die Defizite ihrer Erziehung, die verdrängte Wut, die blockierte Hinbewegung zur eigenen Mutter, von der sie geschlagen worden war.

„Ich habe zum ersten Mal ein befreiendes Gottesbild erfahren. Ich danke Ihnen und Ihrem Team für diese Zeit in Freising.

Seitdem sehe ich vieles mit anderen Augen …“, schrieb sie uns drei Monate später.

Ich will keineswegs behaupten, dass alles nur psychologisch erklärbar wäre. Wer meine Bücher und Vorträge kennt, weiß um meine Bemühungen, die Vorgänge differenzierter zu betrachten. Ich glaube an die Existenz dämonischer Mächte; da stehe ich gänzlich innerhalb der kirchlichen Lehre. Was mich aufregt, ist die völlig unkritische Übernahme freikirchlicher Denkweisen, die sich hier eingenistet haben, wobei ich sage muss, dass nicht alle Freikirchen so kurzsichtig sind.

Wer Angst hat, wittert überall angstauslösende Momente. Er strebt nach Sicherheit und Gewissheit. Religiöse Menschen, so müsste man meinen, sollten stabiler und gottvertrauender sein. Dem ist aber nicht immer so. Ein im magischen Kindesalter steckengebliebenes Gottesbild befreit nicht. Es verlangt nach absichernden Ritualen, vorgeschriebenen Gebeten, zwanghaft anmutender Hingabe. Da kann der Teufel präsenter sein als Gott. Um das zu verhindern, braucht es klare Grenzen, Bewertungen und Instruktionen. Die Angst vor irgendwelchen Fehlern macht das Leben zur Qual, weil der Lebensmut gefesselt ist.

Eine nicht reife Spiritualität wehrt sich gegen alles, was anders ist; kommt Aggression hinzu, kann ein unguter, rechthaberischer Missionierungsdrang entstehen, der jede Frohe Botschaft zur Drohbotschaft pervertiert.

Als ich einmal sagte, ich hoffe, die Hölle sei nicht ewig, wurde ich vehement von einem älteren Mann angegriffen:

„Sie verwerfen also die Lehre der Kirche von der Ewigkeit der Verdammnis?“

„Nein, ich verwerfe sie nicht. Aber ich hoffe auf die Gnade Gottes, bei der kein Ding unmöglich ist.“

„Ja, ist sie jetzt ewig oder nicht?“

„Sie mag als ewige Gottesferne möglich sein, aber ob sie tatsächlich bevölkert ist, kann niemand sagen.“

„Also dann sind Sie gegen die Kirche. Dann kann ich mit Ihnen auf dieser Basis nicht mehr reden. Sie sind für mich nicht tragbar.“

So einfach ist das. Zu einfach.

Wir alle haben die Sehnsucht nach Klarheit und Wissen. Aber schon Paulus weist darauf hin, dass wir in diesem Leben alles nur verschwommen erkennen. Missionarisch Gläubige laufen Gefahr, den Schwachen mit ihrem Glauben zu erschlagen; deshalb empfiehlt Paulus, zuerst Milch zu geben, also keine feste Nahrung. Bei schwachen Gläubigen besteht die Gefahr, dass sie von charismatischen Führungspersönlichkeiten beeinflusst werden. Das Zugehörigkeitsgefühl zur Gruppe stärkt noch das Bewusstsein, auf der richtigen Seite zu stehen. Solange da andere Sichtweisen und abweichende Meinungen bestehen, droht Gefahr ängstlicher Abschottung. „Fundamentalisten verwechseln die Sicherheit gereifter persönlicher Überzeugung, die immer neuen Erfahrungen offensteht und damit revidierbar ist, mit absoluter Gewissheit“, schreibt der Gießener Professor Matthias Jung in „Die Sehnsucht nach dem festen Standort“ (Psychologie Heute, Okt. 2004, S. 54).

Ein infantiles Gottesbild blockiert die Lebensfreude

Es gibt unzählige Bekehrungen zum Christentum, aber mir ist keine Bekehrung zum Buddhismus, Hinduismus, Islam oder sonst einer Religion bekannt. Es gibt sicher genügend Übertritte und durchdachte Schritte zu nichtchristlichen Religionen, aber m.W. keine, die einer Gotteserfahrung, einem plötzlichen inneren, rational nicht erklärbaren Impuls entsprungen sind. Ich kenne keinen Menschen, der gesagt hätte: „Gott hat mich gerufen, Hindu zu werden. Ich habe ihn ganz deutlich erfahren.“

Hingegen ist die Geschichte des Christentums voll von Zeugnissen, die von wundersamer Umkehr sprechen. Blaise Pascal, André Frossard, Charles de Foucauld und viele andere berichten, wie sie von einer inneren Stimme angerührt wurden, von einer Sekundenwende, die ihnen die Existenz Gottes klarmachte, was sie zum Eintritt in das Christentum bewog.

Auch Paul Williams, der Vizepräsident der United Kingdom Association for Buddhist Studies in Bristol erzählt seinen langen Weg vom christlichen Glauben zum Buddhismus und zurück. Nach 25 Jahren Buddhismus spürt er den Ruf, in seine geistliche Heimat zurückzukehren, und erklärt die Gründe in seinem aufschlussreichen Buch „Mein Weg zu Buddha und zurück".

Wenn jemand aus dem Christentum „austritt", dann liegen oft Verletzungen vor, die er von frommen Menschen zugefügt bekam, oder mangelnde Kenntnis dieser Religion, auch Ärger über päpstliche Entscheidungen, vielfach auch nur gewachsene Entfremdung durch jahrelange Vernachlässigung der christlichen Glaubenspraxis. Es werden dann Gründe vorgegeben, die zur Erklärung und Rechtfertigung dieses Schrittes herhalten müssen: Die Buddhisten sind friedfertiger und toleranter; die Moslems sind radikaler und konsequenter; die Gemeinschaft X ist ehrlicher und gibt einem das Gefühl von Heimat usw.

Nun ist ja das Fremde und Exotische immer interessanter als die eigene Kultur. Und schnell kann man sich begeistern lassen von dem, was sich da augenfällig bietet. Der Gedanke, dass die anderen doch überzeugender und besser seien als die eigenen Leute, trügt allerdings. Ein buddhistischer Mönch sagte einmal in München, er verstehe nicht, wieso es Christen gibt, die zum Buddhismus übertreten. „Wer das tut, hat wahrscheinlich von beiden Religionen keine Ahnung."

In Gesprächen mit ehemals christlichen Menschen ist mir aufgefallen, dass sie einerseits tatsächlich oft wenig über das Christentum wussten, andererseits ein ziemlich schräges Gottesbild hatten. Sie holten zwar regelmäßig die Leichen aus dem Keller: Inquisition, Reformation, Kreuzzüge, wiesen aber auch da erhebliche Lücken auf, ja sogar Irrtümer. Ich will damit nicht sagen, dass die praktizierenden Christen ein richtiges Gottesbild hätten; aber sie haben etwas, was man „Treue in trockenen Zeiten" nennt. Gemeint ist das Durchhalten auf geistlichen Durststrecken, das Dabeibleiben trotz mancher Ärgernisse und Unvollkommenheiten.

Sicher, mancher wird vielleicht auch nur dabeibleiben, weil es ihm egal ist. Es sind nicht wenige, die eine persönliche Beziehung zu Gott pflegen, durch Gebet sich tragen lassen und vom Vertrauen auf die Führung des Heiligen Geistes leben. Wem das alles nichts sagt, der bewegt sich außerhalb der christlichen Sphäre.

Es ist ein Phänomen, dass mancher, der sich in jungen Jahren von seinem Glauben entfernt hat, im Alter wieder zurückkehrt. Ob es die Angst vor dem Tod ist oder doch die Sehnsucht nach der „Heimat“, weiß ich nicht.

Doch zurück zum Gottesbild, das bei einem hohen Prozentsatz der Menschen ziemlich schief hängt, mal angstbesetzt und bedrohlich, mal esoterisch unverbindlich, mal magisch besetzt und unerreichbar.

Seit dreißig Jahren erlebe ich als Psychotherapeut Menschen, deren Gottesbeziehung eher verkümmert ist und deren Glaubenspraxis nicht konfliktfähig genug ist. Ja, es sind nicht wenige, die krank wurden angesichts ihres lebensfeindlichen Gottesbildes. Manche Psychologen sind geneigt, das Kind mit dem Bad auszuschütten, also den christlichen Glauben beim Klienten wegzutherapieren. Das ist ein unverantwortlicher Vorgang, der eine Lücke hinterlässt oder Schuldgefühle oder neuerliche Ängste.

Da das Gottesbild in erster Linie von den Eltern an die Kinder weitergegeben wird, verwundert es nicht, wenn abwesende Väter und überforderte Mütter einen Gott vermitteln, der nicht präsent ist. Das fromme Reden über die Liebe Gottes nutzt nichts, wenn die Eltern nachtragend sind, ständig meckern und die Liebe im Fall unerwünschten Verhaltens den Kindern entziehen. Denn Kinder übertragen in ihrer Fantasie das erlebte Verhalten der Eltern auf Gott, nicht deren Worte. So ist es nur logisch, dass das Bild von Gott auch in sehr religiösen Familien nicht zwingend stimmig ist, solange man einer frommen Tyrannei, einer einengenden Moral oder einer Höllendrohung Vorschub leistet.

„Gott straft dich, wenn du so weitermachst!“ – „Heute ist

Freitag. Da wird kein Fleisch gegessen, verstanden?" – „Warst du wieder nicht in der Kirche? Schäm dich!"

Wer nun meint, eine solche Erziehung fände schon lange nicht mehr statt, eher eine kirchenferne und religiös gleichgültige, übersieht das immer noch wirkende Erbe der Großeltern. Klar, dass Drohungen mit Gott, Pochen auf Verbote sowie lebensfremde Glaubenssprache den jungen Menschen über kurz oder lang der christlichen Religion entfremden.

Es gibt sie immer noch: die Menschen, die Gott für das Leid der Welt schuldig erklären, die ein persönliches Pech als Strafe des Himmels deuten und diesen Gott mit frommen Leistungen besänftigen wollen. Eine solche Beziehung nenne ich infantil, unreif.

„Herr Doktor, die Gebetsgruppe, in der ich bin, hält die Akupunktur für unchristlich. Dabei hat die Akupunktur mir immer so geholfen. Was mache ich jetzt?"

„Ich bin in der Computerbranche tätig und habe ein Angebot erhalten, das mir einen wesentlich besseren Verdienst zuspricht. Aber ich weiß nicht, ob ich das machen kann. Es gibt so viele, die nichts verdienen, da komme ich mir als Christ nicht gut vor, wenn ich jetzt aus rein materiellen Erwägungen heraus einen anderen Job annehme."

„Jesus sagte doch, man müsse alles loslassen, andernfalls wäre man seiner nicht wert. Ich bin wohlhabend und habe jetzt noch etwas geerbt. Muss ich das nun alles weggeben?"

Solche Fragen werden mir täglich am Telefon gestellt. Sie offenbaren die stille Not vieler gläubiger Menschen, die auf der Suche sind, nichts falsch machen wollen und eine verborgene Angst vor möglichen göttlichen Sanktionen haben. Da fehlt das Wagnis zum Leben. Es fehlt oft auch die Unterscheidung, die Klugheit. Schon Teresa von Avila meinte, dass Frömmigkeit allein die Welt nicht rette; da müsse schon eine Portion Klugheit her.

Überprüfen Sie einmal Ihre Gottesbeziehung, sofern Sie überhaupt eine haben. Wie geht es Ihnen mit diesem Gott, wenn Sie mal wieder gesündigt haben? Wie deuten Sie Ihre Schicksalsschläge? Erkennen Sie im Alltag das Wirken Gottes, können Sie seine Zeichen deuten? Macht er Ihnen Angst? Straft er Sie?

Ein kleinlicher Gott, der mir das Leben nicht gönnen will, ist kein Gott. Jesus zeichnete einen barmherzigen Vater, für den der Glaube zunächst einmal wichtiger ist als die Moral. In meinem Buch „Der missverstandene Jesus" habe ich diese immer wieder falsch verstandene Priorität dargelegt.

Kann man nun sagen, dass ein falsches, lebensfeindliches Gottesbild einer der vielen Gründe ist, die Christen aus ihrer Kirche und Religion treiben? Nur teilweise, sonst gäbe es keine Kirchentreuen mehr. Aber dieses fatale Bild ist Ursache vieler seelischer Störungen: Zweifel, Ängste, Leistungsfrömmigkeit, Zwänge, schließlich Resignation oder Wut auf Gott. Es wird Zeit, einen Gott vorzuleben, der das Leben will, und nicht nur über Gott fromm zu sülzen …

Aus der therapeutischen Sicht stellt sich die Frage, ob ein Mensch mit schwachem Selbstwertgefühl durch den Glauben an einen liebenden Gott geheilt oder mindestens zu einer tragfähigen Selbstakzeptanz geführt werden kann. Ich behaupte: ja.

Eine junge Frau, sehr früh schon an den Rollstuhl gebunden, von den Eltern in ein Heim gegeben, litt fürchterlich unter ihrer Verlassenheit. Ihr Selbstwertgefühl war gering. Sie stand nahe vor der Verbitterung, ja vor einem gewissen Zynismus. In einem Vortrag zur Frage, weshalb Gott das Leid zulässt, hört sie zum ersten Mal etwas von der Liebe Gottes zu allen Menschen, besonders zu den Schwachen und Hilflosen. Sie erfährt, dass Gott jeden geschaffen hat, weil er liebt, und in jedem Schwachen präsent ist. Als ich dieser Frau sagte, Gott sei in ihr gegenwärtig und gebrauche sie als Zeichen seiner Ohnmacht in einer Welt, die sich auf Macht und Leistung stürzt, klärte sich ihr Blick. Sie bat mich um ein Gebet in der Hauskapelle.

Ein Jahr später treffe ich sie wieder und finde eine selbstbewusste Frau vor, die lachen kann. Sie bedankte sich nochmals für mein Gebet und meinte, dass ihr der Hinweis auf die Gegenwart Gottes entscheidend geholfen habe. Bis dahin glaubte sie nämlich, sie sei von Gott, den Menschen und allen guten Geistern verlassen.

Dieses Beispiel mag zu einfach sein; wäre diese Frau in der Verbitterung stecken geblieben, wäre es wahrscheinlich nicht so ausgegangen.

In unserer Heilenden Gemeinschaft in Freising, einer dreiwöchigen Therapie unter christlichen Aspekten, erfahren wir regelmäßig Heilung des verletzten Selbstwertgefühls. Fast alle haben ein falsches Gottesbild, tiefe Verwundungen seit ihrer Kindheit und oft auch eine emotionale Leere. Die Beziehung zu sich und zu Gott ist eher blockiert, jedenfalls existentiell nicht erfahrbar.

Der Vorzug des christlichen Menschenbildes besteht darin, dass man im Unterschied zum buddhistischen oder hinduistischen oder esoterischen von der Liebe eines personalen Gottes getragen wird. Auch muss der Mensch die Gnade Gottes nicht „verdienen"; sie wird ihm geschenkt. Da dieser Gott Mensch wurde, weiß er um die Nöte und Gefühle seiner Geschöpfe. Seine Zusage lautet: Ich liebe dich so, wie du bist. Du musst kein anderer werden, um von mir geliebt zu sein. Und diese bedingungslose Liebe lässt dich anders werden.

Wir müssen wieder werden wie die Kinder, nicht kindisch, sondern kindlich. Und das bedeutet: selbstvergessen, hingebungsvoll, angstfrei, authentisch und originell. Bei einem solchen Wesen ist das Selbstwertgefühl optimal, denn es weiß sich geliebt und kann lieben; es hat keine Angst und macht keine Angst; es braucht nicht viele Regeln, da es instinktiv richtig handelt.

Unsere Gesellschaft leidet unter einem verwaschenen Gottesbild, einem immer noch infantil gebliebenen Glaubensvollzug, der ständig mehr wegrutscht. Die Gründe dafür sind vielschichtig. Fehlende christliche Vorbilder innerhalb der Familie, versäumte Selbsterziehung (Disziplinierung und Treue), Privatisierung des Glaubens, Intellektualisierung, Verlust der kirchlichen Kompetenz in Lebensfragen, Aufweichung des Glaubens durch Respektlosigkeiten (Blasphemien, Spott, Lächerlichmachung).

Eine Gesellschaft, die ohne Gottesbezug auszukommen meint, weiht sich dem Untergang. Die Lebensfreude verkommt zur Triebbefriedigung, die Sehnsucht nach Unsterblichkeit zur narzisstischen Denkmalpflege, die Freude an der Sexualität zur ungesättigten Perversion.

Der Vorwurf eines Atheisten, Christen seien wie kleine Kinder, die noch einen Papa brauchen, der sie an der Hand führt, ist nicht gänzlich abzuweisen. Doch Gott entlässt in die Freiheit, ermutigt zum Leben, ist kein Kindermädchen. Dass die Gottesleugnung eine andere Form von nicht gelungener Elternablösung sein kann, mag verwundern. Sowohl *infantile* Abhängigkeit als auch *radikale* Ausblendung weisen auf eine gestörte Identitätsfindung hin. Wir haben also guten Grund, ins Gebet zu gehen und unsere Motive, Methoden und Meinungen zu hinterfragen.

Als ich am Fastnachtsonntag im Freisinger Dom als Don Camillo auftrat, der mit Jesus spricht, hätte man eine Nadel fallen hören können. Als die Stimme Gottes erschallte, tauchten Presseleute und Fotografen auf, um diesen unsichtbaren Gott irgendwie einzufangen. Ich ahnte nicht, wie tief die Menschen von dieser Dialogpredigt mitgerissen würden. Nach dem Gottesdienst wurden Besucher unterschiedlichen Alters von einer Redakteurin über diese ungewohnte Form der Predigt befragt. Ausnahmslos alle äußerten sich positiv und beeindruckt. Eine siebzigjährige Dame meinte: „Diese Adaption fand ich sehr gelungen und unterhaltsam.“ Eine Schülerin: „So ein Gottesbild ist sehr befreiend. Vor allem hat dieser Dialog einen humorvollen, liebenden Gott gezeigt. Für uns Jugendliche ist das sehr tröstlich.“ Die Sehnsucht nach einem menschenliebenden, großzügigen Gott, der keinen moralischen Zeigefinger erhebt, sondern Empathie zeigt, steckt in uns allen. Mich wundert, dass es so viele (ältere) Christen gibt, die auf einen strafenden Gott hinweisen aus Angst, zu viel Güte bedeute einen Freibrief für munteres Sündigen. Was mich betrifft, so habe ich von jeher ein großzügiges Gottesbild gehabt, wurde von meinen Eltern selten bestraft; dennoch bin ich nie der Versuchung erlegen, die Barmherzigkeit Gottes und meiner Eltern zu strapazieren. Es trifft zu, dass immer mehr esoterische Einflüsse das christliche Gedankengut vieler Leute durchtränken, hier vor allem die Unverbindlichkeit und der Gedanke einer Selbsterlösung. Dies ist aber sicher nicht aufzuhalten, indem ich nun Gott als strafenden Richter und die Hölle als drohende Möglichkeit vor Augen stelle. Das Motiv einer mündigen, wirklich christlichen Gläubigkeit soll nicht Angst, sondern Liebe sein. Wir haben zu lange den „lieben Gott" als Buhmann hingestellt, um die Kinder gefügig zu machen und die Moral aufrechtzuerhalten. Gott will keine infantilen Knechte, die – wie einst die Heiden – ihn mit Opfern besänftigen wollen, sondern Freunde.

Frühe Demütigungen führen zu Gewaltbereitschaft

Jochen Sonnleitner, 36 Jahre, vergewaltigte zwei Frauen, tötete eine von ihnen und bekam lebenslange Haft mit Sicherungsverwahrung. Seine Biographie ist typisch für Menschen, die nach einem völlig unauffälligen Leben plötzlich ausrasten.

Robert Steinhäuser, Amokläufer von Erfurt, muss ebenfalls in die Reihe der plötzlich ausbrechenden Gewaltmenschen gestellt werden. Gemeinsam ist diesen jahrelang angepassten Opfern eine mehr oder weniger subtile Unterdrückung, die sie in der Familie, Schule oder am Arbeitsplatz erlitten haben.

Fehlende oder schlagende Väter, überforderte oder ständig nörgelnde Mütter, hänselnde Kameraden und mobbende Kollegen, sie alle sind beteiligt an diesem System, das Gewalt erzeugt.

Einer unserer Teilnehmer an der Heilenden Gemeinschaft war ein junger Mann, alleinstehend und vom Vater enterbt, weil er „zu blöd war, den landwirtschaftlichen Betrieb zu führen". Uns fiel seine emotionale Leere auf. Manches von dem, was sich in der Therapie abspielte, verstand er nicht. Er wirkte passiv, unbeweglich und oft geistesabwesend. Als ein Teilnehmer ihm sagte, er (der Landwirt) löse bei ihm (dem Lehrer) ein Gefühl von Ohnmacht aus, wurde er zornig und warf ihm Beleidigung vor: „Ich bin ganz und gar nicht ohnmächtig. Das ist eine unverschämte Beleidigung, und ich finde es ungeheuerlich, dass die Therapeuten so was hier zulassen!“

Ich griff ein: „Herr N. verspürt bei sich selber ein Gefühl von Ohnmacht, das Sie durch Ihre Passivität bei ihm auslösen. Das hat etwas mit ihm zu tun. Er will Sie keineswegs beleidigen, Herr K. Verspüren Sie keine wütende Ohnmacht?“

Er schwieg lange. Dann meinte eine Teilnehmerin: „Du hast noch gestern Abend diese Wand vollgeschmiert mit roter Farbe. Das ist doch Wut pur. Und ansonsten tust du so, als wenn dir alles egal ist. Aber es ist dir nicht egal. Und wenn du könntest, würdest du alles zusammenhauen. Ich sag dir mal was, ich hab echt Angst vor dir.“

Herr K. fixierte den Boden vor sich, dabei presste er seinen Kiefer zusammen.

„Herr K.“, sagte ich, „wenn jemand so heftig behauptet, er sei nicht ohnmächtig, kann das auf seine Hilflosigkeit hinweisen. Er will sie aber nicht wahrhaben. Und indem er sie einfach leugnet, erzeugt er ein Gefühl von Macht. Es fehlt dann nicht viel und die zurückgehaltene Wut entlädt sich. Geht es Ihnen manchmal so ähnlich?“

„Ja.“

„Wollen Sie jetzt einmal Ihrem Vater all das sagen, was Sie so wütend und hilflos gemacht hat? Sie können sich Ihren Vater hier aussuchen. Gehen Sie zu ihm hin und reden Sie Klartext.“

Herr K. ging auf den Lehrer zu. Nach einer längeren Stille schoss es auf ihm heraus:

„Weißt du, was du mir angetan hast? Du hast mich jahrelang gedemütigt, kleingemacht, für dumm verkauft. Bloß, weil ich nicht alles so machen wollte, wie du es wolltest. Du hast Mama geschlagen und hast gesoffen. Glaubst du vielleicht, du wärst besser als andere? Du hast meine Brüder bevorzugt, und wenn es mal Probleme gab, war ich immer der Sündenbock. Ich hab dir schon hundertmal den Tod gewünscht. Wenn ich Hilfe brauchte, warst du nicht da, hast dich feige verdrückt. Ich habe dir nie was bedeutet; du bist ein Schwein, ich hasse dich!“

Zuletzt brüllte er so laut, dass die Gruppe zusammenzuckte.

Eine Teilnehmerin legte ihm eine Decke über seine Schulter. Dann setze er sich auf seinen Platz. Betroffenes Schweigen in der Runde.

Herr K. erkannte seine ohnmächtige Wut und gab nun offen zu, dass er manchmal seine Gefühle nicht unter Kontrolle habe, weshalb er sie unter einem Panzer von Gleichgültigkeit verschloss. Er hatte Angst, ihrer nicht mehr Herr zu werden; so wirkte er leer, teilnahmslos, in Wahrheit aber war er eine Zeitbombe. Diese Ahnung brachte ihn in unsere Therapie.

Warum nun die einen nach erlittenen Demütigungen aggressiv werden und die anderen in Depressionen fallen, hat zu tun mit den familiären und späteren sozialen Bedingungen. Mancher bleibt lebenslänglich angepasst und untergeordnet, weil er sich in dieser Position die Zuwendung sichert; er kann zur Auffassung gelangen, durch Hinnehmen seiner Position einen gesicherten Platz in der Familie oder Gesellschaft zu behaupten. Aber es ist keineswegs immer klar, warum einer gewalttätig ist. Man muss sich eher fragen, warum einer angesichts der restriktiven Erziehung nicht gewalttätig wird.

Wer über Jahre Unterdrückung erfahrt, sammelt naturgemäß Zorn an. Der gesunde Mensch wird sich wehren; ist ihm dies nicht möglich, muss er Überlebensstrategien entwickeln, die er beispielsweise in einer Gruppe Gleichgesinnter oder als Einzelgänger in Fantasien auslebt. Bei einem solchen latent aggressiven Menschen fördern gewalttätige Filme die Aggression. Tatsächlich liegen vielen Gewalttaten Filme zugrunde, die den Tätern die Vorlagen für ihr Handeln bieten. Stimulierend wirken sympathische Täter, feige Opfer, belohnte Gewalt. Spätere aggressionsfördernde Umstände haben in der Regel nur dann tatauslösende Wirkung, wenn in der eigenen Familie Gewalt üblich war.

Zutiefst gekränkte Menschen können ohne Vorwarnung gewalttätig werden. Die erfahrene Ohnmacht entlädt sich in einer Allmachtsfantasie, in der allen gezeigt wird, was sie selbst den Tätern antaten. Dazu Jens Hoffmann in „Wenn die Hoffnung schwindet, müssen Menschen sterben“ (in: Psychologie Heute, Nr. 8/2002): „Der junge Amokläufer, der sich mit seiner Tat zu düsterer Größe und machtvoller Bedeutung aufschwingt, kann in Teilen der Jugendkultur zur dunklen heroischen Figur werden, die ein verlockendes Identifikationspotenzial bietet, gerade für am Rand stehende, ich-schwache Persönlichkeiten mit mangelnden Kompensationsmechanismen.“

Zum mangelnden Selbstwertgefühl gesellt sich oft eine narzisstische Persönlichkeitsstruktur. Bei diesem Typ finden sich unberechenbare Verhaltenssprünge und eine geringe Fähigkeit, mit Enttäuschungen klarzukommen. Es hat keine Ichfindung stattgefunden, weil die familiären Einflüsse dazwischenstanden: fehlende Nähe oder einengende Fürsorge, keine Umarmungen oder erstickende Vereinnahmung, Entzug jeder Eigenständigkeit oder zu frühe Übernahme von Verantwortung (emotionaler Missbrauch).

Dass vorrangig nur jene von gewaltverherrlichenden Filmen zu aggressiven Taten stimuliert werden, die von Haus aus bereits aggressionsgestimmt sind, sollte die Medienleute keineswegs beruhigen. Es gibt ein zu hohes Potenzial von labilen, rasch gekränkten Personen, die allzu schnell auf dumme Gedanken kommen, wenn sie ihnen nur oft genug vorgeführt werden.

Gedemütigte Menschen suchen Möglichkeiten nach Wiederherstellung ihrer verletzten Würde. Das muss nicht immer Gewalt sein. Wer wiederholt erlebt, dass man durch körperliche Kraft Respekt gewinnt, wird möglicherweise diesen Weg einschlagen. Die Karriere des österreichischen Bodybuilders und kalifornischen Gouverneurs Arnold Schwarzenegger zeigt es. Vom Vater wegen seiner körperlichen Schwäche gehänselt, wollte er es allen zeigen. Den Rest kennen wir.

Andere verschaffen sich den Respekt, indem sie es zu enormen beruflichen Erfolgen bringen. Nicht jeder Ehrgeiz ist fragwürdig. Enrico Caruso, vom Gesangslehrer als völlig untauglich bezeichnet, Bill Gates, in der Schule unteres Mittelmaß, und tausende Unbekannte haben gezeigt, wie man sein Selbstwertgefühl auf gute Weise aufpäppeln kann.

Nun ist ein zu hohes Selbstwertgefühl problematisch. Bei rechtsextremen politischen wie religiösen Randgruppen zeigt sich deutlich der Zusammenhang zwischen Demütigung, überhöhter Selbstgefälligkeit und Gewalt. Die Mitglieder solcher ausgegrenzten Gruppen halten sich oftmals für elitär und selbstverständlich im Recht. Unter Berufung auf den Führer oder direkt auf Gott maßen sie sich das Recht auf Gewalt an und erfahren so neuerlich Ablehnung, was dann wiederum zur Eskalation des Terrors führt. Ein Teufelskreis, dem nicht mit Gegengewalt beizukommen ist. Denn die Wut auf die Gesellschaft ist größer als die Angst vor Strafen oder vor dem Tod. Man muss diesen Verzweifelten Würde geben, sie in ihren Anliegen hören und in die gesellschaftliche Verantwortung integrieren.

„Wenn das eigene Leiden völlig aus dem Leben eines Menschen verschwinden muss, weil es unmöglich war, damit fertig zu werden, dann wird das Gefühl, das Leben anderer in Händen zu halten, zum Ersatz für die innere Leere. So wird Gewalttätigkeit zum Zweck des Lebens … Menschen, die jegliches Gefühl für sich selbst verloren haben, spüren sich nur, wenn sie etwas Lebendiges packen und zerschmettern können.“ (A. Gruen: Der Verlust des Mitgefühls. München 6/2005, S.71)

Christen sollen die Tugend der Demut üben. Sie bedeutet: Bescheidenheit, mutiger Einsatz seiner Gaben ohne Berechnung. Sie fragt nicht danach, ob einer gut ankommt, gelobt wird, im Mittelpunkt steht. Doch wird bei diesem Appell, demütig zu sein, manches missverstanden. Man kann sich der Bescheidenheit rühmen: An Demut übertrifft mich keiner. Man kann sich selber ins schlechte Licht setzen, seine Fähigkeiten unter den Scheffel stellen oder erlittenes Unrecht passiv hinnehmen. All diese Reaktionen entsprechen nicht der Botschaft Jesu. In manchen Klöstern hat man zu oft Schwestern gedemütigt, gegen ihr

Können und Wollen zu Dingen verpflichtet und sich dabei auf das Gelübde des Gehorsams berufen. Da gab es mehr Grenzüberschreitungen und Verletzungen der Würde, als man sich eingestehen wollte.

Bislang haben diese gedemütigten Menschen alles geschluckt und als Opfer ihrem Gott dargebracht. Im Körper schlugen die Hormone Alarm, in der Seele lag die Stimmung danieder und im Geist waberten Rachegelüste. Das sollte nicht der Stoff sein, aus dem Heilige gemacht werden.

Deshalb noch einmal die biblische Empfehlung: „In aller Demut ehre auch dich selbst und gib dir das Recht, das dir zusteht … Wer sich selbst Unrecht tut, wer wird den für gerecht halten?“ (Sirach 10,28 ff.) Und: „Hast du Zorn auf einen Mitmenschen, so stell ihn zur Rede …“

Leider aber hat es vielen Gedemütigten die Sprache verschlagen; sie bringen kein Wort über ihre Kehle und vermögen oft nur noch „schlagende“ Argumente vorzubringen, sofern sie genügend Aggression bewahrt haben.

Einsamkeit und Leere schreien nach Animation

Die beiden Jugendlichen Pascal und Ralf haben am 11. November 2006 im Siegburger Jugendgefängnis ihren Mitgefangenen Hermann auf grausamste Weise hingeschlachtet. Das Motiv dieser brutalen Vorgehensweise geht aus der Anklage nicht hervor. Staatsanwalt Robin Fassbinder zählt alles auf, was das Strafgesetz kennt: Mordlust, niedrige Beweggründe usw. Wahr ist, dass pure Langeweile zu dieser Handlung führte, eine Langeweile, die sich in leere Gehirne einnistete und nach dem Muster des Films „Full Metal Jacket“, den einer der Täter sah, für kurze Zeit weggedrückt wurde.

„Uns war langweilig“, bekommt man gelegentlich zu hören, wenn man nach dem Motiv zerstörerischer Taten fragt. Jedoch wird die Langeweile erst dann zur Zeitbombe, wenn die Betreffenden weder Fantasie noch Moral haben, sie konstruktiv und kreativ zu gestalten. Langeweile allein macht keinen Verbrecher.

Die beiden Straftäter entstammen einer „broken familiy“, einer kaputten Familie, in der liebende Zuwendung und soziale Anerkennung Fremdworte waren. Fehlende Väter, desorganisierte, überforderte Mütter, keine berufliche Perspektive – das sind jene Bausteine, aus denen antisoziale Bruchbuden entstehen. Jugendliche Täter haben immer auch familiäre Mittäter im Schlepptau.

Wer keinen Zugang zu seinen Gefühlen hat, weil er sie aus Angst vor Schmerz weggebunkert hat, sucht verzweifelt nach dem Lebendigen. Statt nun etwas lebendig zu machen, also kreativ zu werden und Fähigkeiten auszubauen, wird das Lebendige zerstört. Verdrängte Empfindungen sehnen sich normalerweise nach Re-Animation. Nicht so bei Menschen, deren Selbstwert fehlt. Sie rächen sich am Leben anderer, das ihnen nicht vergönnt zu sein scheint.

Der Hunger nach Leben verführt sie zu schnell erreichbaren Ersatzmitteln, die sie oft auch in exzessivem Ausmaß nutzen; das ist jedes Lebens-Mittel recht: Sex, Sport, Drogen, Mutproben …

Der normale Bürger geht mit der Langeweile anders um: Er wird sich eine Ablenkung suchen, ein Buch lesen, den Fernseher einschalten, Freunde anrufen, joggen oder im Haus irgendetwas richten. Denn Langeweile kennt jeder, ist nicht verwerflich.

Kinder beenden ein langweiliges Spiel sehr schnell. Wo die eigene Fantasie nicht genügend angeregt und geistige Fähigkeiten zu wenig aktiviert werden, erlahmt das Interesse bald.

Manchmal kann dies auch ein Hinweis für die Suche nach Nähe sein: Das Kind möchte mit den Eltern spielen oder mit ihnen etwas unternehmen. Je früher ein Kind durch kluges Spielzeug und durch altersgerechte Rcizangebote in seinen Interessen/Fähigkeiten animiert wird, desto besser wird es mit Langeweile umgehen können, vorausgesetzt, die Eltern nehmen sich genug Zeit zum Spielen. Der passive Fernsehkonsum, aber auch das ständige Sitzen am Computerspiel führen zur Verkümmerung von kreativen Ideen und leider auch von kommunikativen Begegnungen. Die Sprachlosigkeit vieler junger Menschen ist auffallend. Hingegen sind unbefangener Umgang mit Technik und distanzierte Kommunikation mittels Handy und Computer die neuen Favoriten.

Kinder dürfen nicht dauernd mit irgendwelchen Vorgaben beschäftigt werden; sie sollen selber lernen, sich etwas auszudenken. Hierbei helfen Bausätze, leere auszumalende Bilderflächen, offene Geschichten, die zu ergänzen sind, mehr als Fertigprodukte.

Leerlauf im Alltag ist wichtig. Es darf nicht alles verplant werden, denn Zeitdruck und Reizüberflutung führen zu einer körperlichen und seelischen Belastung. Die Managerkrankheit unserer Zeit besteht vor allem im Fehlen von Pufferzonen. Dieser dauerhaften Anspannung liegt die Angst zugrunde, etwas zu versäumen. Das ist auch einer der Gründe, weshalb so viele Männer beim Fernsehen zappen.

Unsere Nerven sind überreizt. Urlaub ist angesagt. Er wäre auch sehr erholsam, wenn da nicht diese nervigen Freizeitanimateure wären. Okay, nicht alles ist schlecht. Es gibt durchaus guten Service für Gestaltung der freien Zeit am Urlaubsort. Ich selber meide solche Angebote, weil ich meine Ruhe haben will und Kontakte mit den Leuten vor Ort auf andere Weise herstelle. Erstaunlich viele nehmen diese Angebote dankbar an, weil sie ihnen helfen, aus der Anonymität herauszutreten und Hemmungen zu überwinden. Wenn dann auf dem letzten Strandzipfel auch noch Musikboxen dröhnen und ein gebräunter Muskeladonis zum Hüpfen animiert, ziehe ich die Flucht vor.

Wir haben über dreißig Fernsehprogramme, die rund um die Uhr senden. Da bleiben endlose Wiederholungen und immer seichter werdende Darbietungen nicht aus. Aber keinem würde einfallen, Sendepausen einzulegen; der Konkurrenzdruck ist zu groß und die Gier nach Geld unerschöpflich.

Damit die Zuschauer nicht weglaufen, bieten die Anstalten die dümmlichsten und gewagtesten Themen an. Austausch von hämisch verbreiteten Indiskretionen in Talkshows, Blicke in die

Schlafzimmer von Promis und Möchtegerns, Interviews mit Kriminellen, Pseudo-Organspendeshows, inszenierte Beleidigungen zwischen Publikum und Gast usw.

Obwohl die ältere Generation die Masse der TV-Kunden ist, wird sie nicht berücksichtigt. Man bedient vorwiegend die Jüngeren, die tatsächlich am Abend kaum vor der Glotze sitzen, sondern den Joystick ihres Computers bedienen oder am Handy simsen. Nach welchen Kriterien also machen Programmdirektoren ihre Programme?

Die Unfähigkeit, seine Zeit sinnvoll zu gestalten, führt zum Dauerkonsum auch langweiligster Filme. Die Unterhaltungsindustrie speist die „Unfreude an der eigenen Person, die … zum Selbstüberdruss absinkt. Diese auf Hochtouren laufende Unterhaltungsapparatur lebt davon, dass Millionen sich nicht mehr klar werden, wer sie sind und was sie eigentlich wünschen. Vor allem wissen sie nicht, was sie mit ihrer Zeit anfangen sollen", meint der Dramaturg, Kulturattaché und Dozent Eugen Gürster in seinem Buch „Die Macht der Dummheit".

Das dümmste Publikum, das ich je erlebt habe, fand ich beim Ballermann auf Mallorca. Ich wohnte nicht weit weg davon und konnte die primitiven Auswüchse eines fantasielosen, nach dem Leben gierenden Publikums beobachten. Das Animationsrital lief immer nach dem gleichen Muster ab: Zuerst wurde eimerweise am Sangria-Röhrchen genuckelt, dazu Popmusik. Dann fingen die ersten Betrunkenen an, halb nackt durch die Sitzreihen zu tanzen; es folgten Soloeinlagen von Sängern, später trat Jürgen Drews dazu und der bis dahin noch erkennbare Gesang mutierte allmählich zum unkontrollierten Lärm. Jetzt kam die Stunde der Nackten und Ringelpietz mit Anfassen. Deutsche Subkultur vom Schlimmsten. Wer jetzt nicht verschwand, verlor seine Würde vollends.

Eine gute Animation sollte zur Kommunikationsfähigkeit und Kreativität anregen, nicht zum Untergang in einer lärmenden Masse besoffener Dumpfbacken, die nach einer solchen Nacht kein bisschen Selbstwert gewonnen haben.

Der Salzburger Freizeitpädagoge Joe Höllhuber plädiert für

eine intelligente und sanfte Animation. Damit meint er die Schaffung einer vertrauten Atmosphäre, die Interesse weckt, Mut zuspricht, Anregungen gibt, Initiative fördert und die Gesprächskultur sucht.

Im Internet fand ich eine Webseite, die Tipps gegen Langeweile gibt. Da wird vorgeschlagen: „Einen Einkaufswagen nehmen und alles hineinlegen, was du schon immer einmal kaufen wolltest. Vor der Kasse fällt dir plötzlich ein, dass sie du deine Brieftasche im Auto gelassen hast – zumindest sagst du das laut. Dann den Wagen stehen lassen und zügig verschwinden." – „Besorge dir aus der Frischeabteilung des Marktes zwei Pakete Eier und verstecke diese überall im Markt." – „Fische die Post aus den Briefkästen deiner Nachbarn und werfe sie in andere Briefkästen wieder ein." –„Wenn du in einem Mietshaus über anderen Menschen wohnst, hüpfe solange auf und ab, bis sich jemand beschwert."

Nun sind dies gewiss keine Aufrufe zur öffentlichen Ruhestörung oder Schlimmeres, eher Scherze, aber sie dienen vielen Jugendlichen als Vorlage und haben zum Ziel, Mitmenschen zu ärgern, ihnen Arbeit zu machen. Und da der Kick in der Gruppe stets größer ist, machen sich kleine Banden auf den Weg, um auf diese Weise ihre Langeweile gemeinsam zu bewältigen.

Dass Arbeitslose und viele Rentner Langeweile haben, wissen wir. Denn ohne Moneten werden Minuten zu Monaten. Dass auch Angestellte in den Betrieben ihre Zeit totschlagen, ist weniger bekannt. Unterforderung kann ebenso krank machen wie Überforderung. Da bucht ein Mitarbeiter jeden Dienstag für mehrere Stunden einen Raum, den er nicht braucht. Er trifft sich dort mit Kollegen, um zu plaudern. Alle geben vor, wichtige Besprechungen zu haben, und verdrücken sich dann. Kommt bei den anderen gut rüber.

Da tippen Verwaltungsangestellte fleißig vor ihren Computern; bei näherem Hinschauen ertappt man sie beim Online-Spiel „Mohrhuhnschießen".

Es sind nicht wenige, die Stress simulieren, also so tun, als ob sie zu tun hätten, aber vor Langeweile fast sterben. Die meisten finden sich im Dienstleistungsgewerbe, vor allem in Banken und Callcentern. Diese Menschen sind nicht faul, sie werden durch das System zur Untätigkeit gebracht, vor allem, wenn einige wenige da sind, die alles an sich reißen.

Vorgetäuschte Telefonate, Anrufe bei Mitarbeitern, von denen man weiß, dass sie gerade nicht anwesend sind, Rückzug in die Caféteria des Hauses, Erledigung eigener Arbeiten am PC und Lösen von Kreuzworträtseln sind typische Handlungen, die die Langeweile im Büro übertünchen sollen. Am Abend ist der Betreffende genau so müde, als ob er den ganzen Tag pausenlos gearbeitet hätte. Diese Menschen leiden nicht am Burnout-Syndrom (ausgebrannt sein), sondern am Bore-out-Syndrom (ausgelangweilt sein).

Langeweile ist auf Dauer gefährlich. In den Gefängnissen brodelt es, wenn sich keine sinnvolle Aktivität einstellen will. Im Gehirn vollziehen sich hormonelle Aufstände, wenn keine Anregungen herausfordern. Wenn schon keine Anregungen, dann wenigstens Aufregungen als Zeichen gefühlter Lebendigkeit.

„Geschähe doch einmal etwas. Würden einmal wieder Barrikaden gebaut! Ich wäre der Erste, der sich daraufstellte. Ich wollte noch mit der Kugel im Herzen den Rausch der Begeisterung spüren, oder sei es auch nur, dass man einen Krieg begänne, er kann ungerecht sein. Dieser Friede ist so faul … Ich bedarf gewaltiger äußerer Emotionen, um glücklich zu sein …“ So schrieb Georg Heym 1911 in sein Tagebuch (Dichtungen und Schriften III, München 1964).

Was vermag die innere Leere auf Dauer zu füllen und die tote Zeit zu beleben? Wenn in den Kindheitsjahren vernünftige und maßvolle Reizangebote vorhanden waren, wenn sich die Eltern mit den Kindern ausreichend beschäftigten und deren Gaben förderten, gibt es keinen Grund zur Sorge, wenn sich einmal Langeweile einstellt.

Mein Vater nahm sich viel Zeit für uns Kinder. Da gab es Reisen, Besichtigungen, Erklärungen; er wies mich ein in sein Fotolabor, er zeigte uns die Herstellung von Weihnachtssternen, er übte mit mir den Kuby-Würfel, er half mir bei meinen Mathematikaufgaben und erklärte mir verschiedene technische Geräte. Wir malten gemeinsam, bastelten Puppen für das Kasperl-Theater, stellten Martinslaternen und Krippenfiguren her. Wir bauten gemeinsam ein Paddelboot. Natürlich fuhren wir dann auch auf der Mosel. Er zeigte uns die Loire-Schlösser in Frankreich, Paris, wanderte mit uns in der Lüneburger Heide. Er war immer da. Und Mutter war zuständig für den emotionalen Teil der Erziehung, wenn man überhaupt diese Bereiche trennen kann. Ich kenne zwar auch Langeweile, aber sie ist von kurzer Dauer, sozusagen eine Kurzelangeweile.

Unsere Gesellschaft will offenbar fremdbestimmt werden: Die Medien haben uns gefälligst zu unterhalten und an den Urlaubsorten erwarten wir Animation vom Feinsten. So kommt es zu einer pausenlosen Überfütterung, die längst die Gefäße verstopft hat. Das Zudröhnen der eigenen Befindlichkeit wird nicht mehr wahrgenommen; auf die Frage „Wie geht es Ihnen?" kommt selten die passende Antwort. Meist folgt dann ein „Och ja, ich hab zu tun. Man gönnt sich ja sonst nichts", oder bestenfalls ein „Wie meinen Sie das?". Man spricht aneinander vorbei, hört nicht zu, fällt ins Wort, bricht ab, vergisst, was man sagen wollte, wechselt das Thema und ach ja, jetzt hab ich's wieder … Es darf gelacht werden.

Verdrängte Schuld schafft Sündenböcke

Im alttestamentlichen Israel war es Brauch, einmal im Jahr die Schuld des Volkes auf einen Ziegenbock zu übertragen und ihn in die Wüste zu schicken. Von daher stammt der Begriff des Sündenbocks. Auf diese Weise entlastete sich das Volk und stellte seinen Gott zufrieden.

Wenn Kinder häufig für Bagatellen schuldig gemacht werden oder wenn man ihnen Schuldgefühle einimpft, obwohl kein echtes Versagen vorliegt, schafft man funktionale Schuldgefühle. Absicht des Erziehers ist es, das Kind gefügig und brav zu machen; es soll im Sinne des Erwachsenen „funktionieren“.

Das Ergebnis ist verhängnisvoll: Solche Menschen wissen am Ende nicht mehr zwischen wirklicher und vermeintlicher Schuld zu unterscheiden, sie fühlen sich schon bei den kleinsten Fehlern schuldig. Und da sie auf die Liebe der Eltern angewiesen sind, werden sie alles hinnehmen, ja sie werden zu kleinen Perfektionisten und Wunscherfüllern. Hauptsache: Ich werde gemocht.

Die andere Möglichkeit besteht darin, sich der lästigen Schuldgefühle zu entledigen, indem man sie anderen anhängt, sozusagen Sündenböcke sucht. Das befreit zwar nicht wirklich von der eigenen Schuld, aber es vermittelt vorübergehend das Gefühl einer Entlastung.

„Du solltest dich schämen! Was hast du da wieder angestellt? Du bist unmöglich!“ Diese Anklage demütigt nicht nur, sie vermittelt dem Kind auch den Eindruck, dass es die Eltern enttäuscht und ihre Liebe nicht verdient hat. Dies genau ist die Wurzel allen Übels. Wenn jetzt noch der strafende Gott ins Spiel kommt, ist die Demontage des Selbstwertgefühls programmiert.

Ich beobachte sehr gern die Menschen, wenn ich in Straßencafés oder auf einer Parkbank sitze. Die Bilanz meiner Studien fällt nicht sonderlich gut aus: Zu viele Eltern beschimpfen ihre Kinder, schlagen sie, überschütten sie mit Verboten oder ignorieren ihr Schreien. Da kommen unsere Tiere besser weg.

Kinder möchten von Natur aus ihre Eltern beglücken. Und gestresste Eltern laufen Gefahr, den Kindern die Schuld zuzuweisen für den Fall, dass etwas schiefgeht.

„Jetzt sitz ruhig und iss!“

„Mama, ich mag den Spinat nicht.“

„Ja dann lass ihn halt stehen. Aber es gibt nichts anderes!“

„Mama, darf ich mir wenigstens ein Glas Cola holen?“

„Von mir aus. Aber verschütte nichts!“

Kurz darauf verschüttet das Kind seine Cola.

„Ich hab dir gesagt, pass auf. Jetzt schau, was du mit deiner blöden Cola angerichtet hast!“

Das Kind holt einen Lappen und will die Cola aufputzen.

„Nein, nein, nein, doch nicht mit diesem Lappen. Jetzt bleib sitzen und rühr dich nicht.“

Die Mutter säubert den Platz. Das Kind sitzt schuldbewusst vor seinem Teller und fühlt sich miserabel. Es wollte seinen Fehler gutmachen und handelte sich einen Tadel ein. Ob die Mutter wirklich glaubt, sich richtig zu verhalten, wage ich zu bezweifeln. Sie sollte sich beim Kind entschuldigen; stattdessen hindert sie es an der Wiedergutmachung.

Die Teilnehmer unserer Dreiwochentherapie leiden hauptsächlich unter den Verwundungen, die ihnen ihre Erzieher zugefügt haben. Eine der am häufigsten genannten Verletzungen ist die unberechtigte Schuldzuweisung. Dagegen kann sich ein Kind kaum wehren; es wird zunächst versuchen, sich die Liebe durch Gehorsam zurückzuholen. Gelingt das nicht oder nehmen die Schuldzuweisungen überhand, wird es sich abkapseln oder die Eltern „bestrafen“, indem es schlechte Schulleistungen bringt, den Gehorsam verweigert, das Essen ablehnt, stört. Es will im Tiefsten seines Herzens damit sagen: „Habt mich bitte wieder lieb. Ich brauche euch.“

Das verstehen manche Eltern nicht und legen noch strengere Maßstäbe an in der fatalen Hoffnung, das Kind zur Vernunft zu bringen. Das aber ist keine Erziehung, sondern Dressur.

Es fehlen die angstfreien Gespräche, die in solchen Situationen vonnöten sind. Es ist erschreckend, wie viele Leute ihre mitgeschleppten Ängste und Schuldgefühle nur mit Tränen oder mit geballtem Zorn hervorbringen können.

Der Vater einer unserer Patientinnen war ein jähzorniger Mann, der aus geringem Anlass seine Tochter schlug. Die Schläge galten eigentlich seiner Frau; doch diese war psychisch krank und so verschob er seinen Zorn auf die Tochter. Er machte sie schuldig für Dinge, die absolut außerhalb des Kompetenzbereiches der Tochter lagen. Doch näher betrachtet hatte er Zorn auf seine verstorbene Mutter, die ihn schlug, wenn er ungehorsam war. Sie schlug ihn noch, als er bereits vierzig Jahre alt war. Die hier vorliegende familiäre Verstrickung hat ihren Anfang in der Ablehnung dieses Mannes durch seine Mutter; er war ein ungeplantes Kind, das in die Quere kam. So gaben sie alle unbewusst ihre Demütigungen weiter mit dem illusionären Wunsch, sie loszubekommen.

Während der Therapie gelang es der Patientin, sich vom Vater abzulösen (auch Hass bindet) und in ihm nicht nur den Täter zu sehen. Sie übernahm die alleinige Verantwortung für ihr jetziges Leben und konnte ihre unterdrückten Lebensenergien freisetzen. Auslösend für ihre Befreiung war eine Bemerkung des Therapeuten: „Ihr Vater ist ein zutiefst verwundeter Mann, abgelehnt und gedemütigt. Seine Würde suchte er vergeblich wiederzufinden durch Ausübung von Macht. Wer immer nur Schuld bei anderen sieht, verrät Interesse an ihnen."

Um nicht unter der Last von Schuldgefühlen kaputtzugehen, sollte man sich von ihnen durch Bekenntnis und Reue befreien. Das ist der sinnvollste und wirksamste Weg, den uns Gott empfiehlt. Doch die meisten Christen haben die Beichtpraxis längst aufgegeben und müssen nun mit anderen Mitteln ihre Schuld „entsorgen", sofern sie nicht gleichgültig geworden sind. Das primitivste Mittel ist die Leugnung. Der magische Weg ist die Besänftigung des Gottes durch fromme Leistungen und viele Opfer. Der soziale Weg ist die Abarbeitung der Schuld durch aufopferungsvolle Tätigkeiten an den Armen dieser Welt. Die kriminelle Methode ist die Schuldzuweisung an andere. Im schlimmsten Fall muss ein anderer für mich büßen und ich gehe straffrei aus.

Indem jemand das Opfer in sich selbst außerhalb sucht und dieses fremde Opfer bestraft, fühlt er sich stark. Skinheads und Hooligans, intolerante Fremdenhasser und ideologieverseuchte Fanatiker lassen andere spüren, was sie selber nicht wahrhaben wollen. Libyen erklärt bulgarische Krankenschwestern für schuldig, fünfhundert Kinder mit Aids verseucht zu haben. Sie werden gefoltert, um diese Tat zu gestehen. Der Sohn Gaddafis deckt schließlich diese Horrorgeschichte auf. Ein klassischer Fall von krimineller Schuldzuweisung, um sich selbst freizusprechen und sich das Gefühl von Omnipotenz zu geben.

Wer sich wertlos vorkommt, fühlt sich irgendwie schuldig. Mitunter weiß er nicht mehr, wann und wie der Verlust seines Selbstwertes begonnen hat, wenn er denn je einen hatte. Aber er fühlt angestaute Wut. Irgendwann wächst der Drang, diese Wut wegzuschieben oder ihr eine Lebensberechtigung zu geben, indem er nun tatsächlich schuldig wird. Er wird wirklich schuldig, um seine unwirklichen Schuldgefühle endlich unterbringen zu können. Auf diese Weise und durch das Eingeständnis der Tat verschafft er sich „Frieden im Herzen“.

Moralistische Menschen haben den Hang, die eigenen Verfehlungen bei anderen zu suchen, indem sie deren Fehler (typischerweise dieselben, die sie auch haben) anprangern oder gar öffentlich machen. Unter diesen Menschen finden sich gehäuft anonyme Denunzianten. Im Deckmantel einer vorgespielten christlichen Moral outen sie Mitmenschen, bei denen sie ähnliche Verfehlungen und Schwächen zu erkennen meinen oder tatsächlich erkannt haben. Der Fingerzeig lenkt von den eigenen Defiziten ab. Es gibt auch Moralisten, die sich selbst für integer halten, aber neidvoll auf jene schauen, die sich das Recht herausnehmen, Gesetze zu übertreten. Hierunter fallen vor allem sexuelle Verhaltensweisen, die sie zutiefst für sich selber ersehnen, aber aus religiösen Gründen ablehnen. Wer immer sich daran nicht hält, weckt in solchen Gesetzestreuen Unmut, eine Mischung von Entrüstung und Begehrlichkeit.

Die weitaus häufigere Suche nach Sündenböcken, denen man seine verdrängten Selbstzweifel und Opfergefühle auferlegen kann, lässt sich in den Medien täglich beobachten. Wo immer etwas schiefgeht, wird der Ruf nach dem Schuldigen laut, und er verstummt erst dann, wenn sich einer gefunden hat, und sei es nur ein „Bauernopfer“. An diesem wird dann stellvertretend ein Exempel statuiert; im Klartext: Er bekommt die vermiedene Selbstbestrafung zu spüren.

Idealerweise sind schwache Randgruppen beliebte Sündenböcke. Schon Kaiser Nero machte die Christen für den Brand Roms schuldig. Angeblich stehlen uns die Ausländer Arbeitsplätze; Fakt ist: Wir brauchen die Ausländer, weil die eigenen Fachkräfte weglaufen, nicht aufgrund fehlender Plätze, sondern aufgrund mangelnder Bezahlung. Hierzu schreibt Horst-Eberhard Richter in seinem Buch „Wer nicht leiden will, muss hassen" auf Seite 120: „Viele Deutsche ... schwanken leicht zwischen nationalen Minderwertigkeitsgefühlen und nationaler Selbstverherrlichung, im Blick auf böse Verfolger, deren die Deutschen sich angeblich erwehren müssten." (München 1995)

Nun kann eine diffuse Schuld angesichts eines verweigerten, nicht gelebten Lebens dieselben Abwehrmechanismen nach sich ziehen wie eine konkrete, fassbare Schuld. Es ist erschreckend zu sehen, wie viele Menschen ihr Potenzial nicht ausschöpfen, ihre Fähigkeiten verkümmern lassen, sich einfach nicht voll entwickeln. Eine solche Verweigerung weckt unbewusste, nicht fassbare Schuldgefühle. Wer nicht lebt, sondern nur existiert, schuldet seinem Schöpfer einiges. Denn Gott ermutigt uns zum Leben in seiner ganzen Fülle.

Da sich viele nicht lieben (annehmen) können, zweifeln sie auch an der Liebe Gottes. Sie glauben nicht an seine Vergebung. Demzufolge können sie sich auch nicht den eigenen Schatten eingestehen; also setzen sie an Stelle Gottes eine Art Selbsterlösungsstrategie, die auf jeden Fall keine Hölle kennt. Auf diese Weise entledigen sie sich jedes Gefühls von Ohnmacht und Ausgeliefertsein an die Gnade eines allmächtigen Gottes. Jetzt hat der Mensch keine Gnade mehr, nur noch Eigenregie. Und weil es Gott nicht gibt, gibt es auch das Böse nicht mehr. Mit diesem psychologischen Selbstbetrug sind alle bösen Mächte eliminiert. Doch glücklich ist der Mensch darüber nicht geworden, was das wachsende Interesse an religiösen Seminaren zeigt. Gott ist wieder schwer im Kommen.

Leo A. Nefiodow, einer der bekanntesten Vertreter der Theorie der langen Wellen, prognostiziert in seinem Buch „Der sechste Kondratieff" für die nächsten Jahre ein Wachstum an ganzheitlichem Denken, das sich an religiösen, therapeutischen und medizinischen Werten orientiert. Er sieht darin notwendige Faktoren für den Aufstieg zum vollen Menschsein, der ohne die religiöse Ebene nicht erreicht wird (Sankt Augustin 6/2006).

Gewinnmaximierung als legale Ausbeutung

Der Vorstandsvorsitzende der Deutschen Bank, Josef Ackermann, kassiert alle zwanzig Minuten eintausend Euro. Dazu braucht der deutsche Durchschnittsverdiener 42 Stunden. Ackermann, der dreizehn Millionen Euro jährlich einstreicht und zugleich Arbeitsplätze ausstreicht, verdient dieses Gehalt nicht; er „bedient“ sich – ganz legal natürlich. Wie so viele Manager und Vorstandsmitglieder. Muss das sein, dass der Arbeiter arbeitet und der Chef scheffelt?

Es ist inzwischen eine übliche und üble Tatsache, dass Konzerne Stellenabbau betreiben, zugleich aber „geringfügige“ Jobs schaffen, um eine Gewinnmaximierung für sich und den Betrieb zu erreichen. Dabei spielt das menschliche Schicksal keine Rolle. Das wirtschaftliche Denken geht „über Leichen“.

497 Milliardäre auf der ganzen Welt verfügen über Reichtümer im Wert von 1,54 Billionen Dollar. Sie besitzen damit mehr Geld als die gesamte ärmere Hälfte der Menschheit. Drei Milliarden leben derzeit von weniger als zwei Euro pro Tag.

In Deutschland werden die Reichen reicher und die Armen ärmer. Das kümmert die Politik herzlich wenig; da fallen sämtliche Hartz IV-Empfänger aus dem Raster, nicht gezählt die Obdachlosen, die sozial Unversicherten und die Rentner mit weniger als 800 Euro. Unersättliche Habgier ist die Triebfeder von Ausbeutung, moderner Sklaverei, Umweltverschmutzung, Kriegen, Brandstiftungen und mafiösen Betriebsstrukturen.

„Eine Wirtschaftsordnung, die Entlassungen regelmäßig mit Gewinnsteigerung beantwortet, wird nicht überleben“, schreibt Norbert Blüm in seinem unverblümt offenen Buch „Gerechtigkeit". Er weist darauf hin, dass ein Viertel der Arbeitnehmer unter 25 Jahren kein reguläres Arbeitsverhältnis hat. Und wer keinen Kredit bekommt, kann wohl kaum eine Familie ernähren.

Unser Staat bedient sich der Steuergelder auf eine Weise, die schwer bestraft würde, wenn der Bürger ähnlich handelte. Geld, das den Beitragszahlern gehört, etwa drei Milliarden Euro aus der Kasse der Arbeitslosenversicherung, soll zur Sanierung in den Steuerhaushalt abgezweigt werden.

Und das Versprechen, mit Hilfe der erhöhten Mehrwertsteuer die Sozialabgaben zu senken, wurde nicht gehalten.

Diese Absahnermentalität macht Beispiel: Da feilschen gut betuchte und hoch bezahlte Bürger um jeden Rabatt beim Einkaufsbummel; da ertrotzen sich Millionäre mit Hilfe ebenso geldgieriger Anwälte üppige Tagesspesen; da lassen sich Manager Reisen bezahlen von Banken und Firmen, die allesamt miteinander verstrickt sind in einem schamlosen Millionenspiel. Wieso macht Wohlstand so maßlos? Lehrt nicht die Soziallehre, dass Arbeit wichtiger ist als Besitz?

Die unkontrollierte Gier wird durch kein Gesetz gestoppt. Zeitarbeitsvermittler müssen billig bleiben, damit sie von den sparenden Auftraggebern überhaupt noch angefragt werden. Der Auftraggeber will billige Kräfte, zahlt also Dumpinglöhne. Aufgrund des zu niedrigen Lohns muss der Staat einen Zuschuss geben. Wo liegt denn da der Sinn?

Habgieriges Essen hat irgendwann einmal Bauchweh zur Folge. Materielle Raffgier kennt keine Sättigung. Da ist das Selbstwertgefühl gefragt oder besser noch: die Scham, der Anstand, der Charakter. Ich frage mich: Haben Leute wie Ackermann oder Klaus Esser keinerlei Scham mehr? Klaus Esser klagt Schmerzensgeld ein, obgleich er dreißig Millionen Euro Abfindung von Mannesmann erhalten hat.

Wenn hart arbeitende Menschen unterbezahlt werden und am Ende ihres Geldes noch sehr viel Monat übrig bleibt, zugleich ein Rennfahrer nach einigen umweltverschmutzenden Runden in Monaco vier Millionen Euro einstreicht, stimmen die Relationen nicht mehr. Diese Diskrepanz schreit zum Himmel und erinnert mich an das Gleichnis von Lazarus und dem reichen Prasser oder vom Bauern, der neue Scheunen baut, um sein Heu einzufahren.

Wer hart arbeitet, soll gut verdienen. Daher plädiere ich für einen Mindestlohn, der bei 800 Euro liegen sollte; und einen Höchstlohn, der 20 000 Euro nicht überschreiten darf. Nur so können Armut und (Kinder-)Sklaverei vermieden werden. Um das zu erreichen, bedarf es einer wirklichen Solidarität und eines sozialen Charakters. Wenn die Ichkontrolle versagt, entsteht ein Machttyp, der allen Ernstes glaubt, ein Anrecht auf Sonderrechte und Feudalverhältnisse zu haben.

Es ist eine Heuchelei, wenn die reichen Staaten fünfzig Milliarden in die Entwicklungshilfe zahlen, zugleich aber mehr Nettobeträge aus dem Schuldentopf der armen Länder kassieren. So blühen Menschenhandel und Flüchtlingsnot.

Viele Markenfirmen lassen in den armen Ländern produzieren, zahlen einen Hungerlohn und machen fette Gewinne.

Argentinische Steaks schmecken gut. Doch wer um den Raubbau der südamerikanischen Urwälder weiß, der von dieser Restaurantkette betrieben wird zur Weidelandgewinnung für eben jene Rinder, verspürt einen faden Geschmack auf der Zunge.

Dieses Profit-Denken, das der Industrie zu eigen ist, steht nicht im Dienst des Menschen. Der Mensch, das beste „Kapital", das die Industrie hat, wird zerstört. Die Natur ist gerade dabei, sich zu wehren; irgendwann folgen die Menschen …

Papst Paul VI warnte 1967 in seiner Enzyklika „Populorum progressio" (Über den Fortschritt der Völker): Es gebe ein System, „das den Profit als eigentlichen Motor des gesellschaftlichen Fortschritts betrachtet, den Wettbewerb als oberstes Gesetz der Wirtschaft, Eigentum an den Produktionsgütern als absolutes Recht, ohne Schranken, ohne entsprechende Verpflichtung der Gesellschaft gegenüber".

Was sich in letzter Zeit die Energie-Konzerne geleistet haben, belegt diesen Trend nach schrankenloser Habgier. Sie fahren Milliardengewinne ein und haben die Frechheit, die Haushalte mit immer neuen Teuerungen zu belasten. Da wird gnadenlos der Strom gekappt, wenn die monatlichen Überweisungen ausbleiben. Begründet wird die Verteuerung mit nicht nachvollziehbarer „allgemeiner Kostenzunahme", mit Krisen in den ölfördernden Ländern, mit erhöhter Nachfrage usw. Irgendwann wird man auf das Massensterben der Glühwürmchen zu sprechen kommen als Ursache der Strompreiserhöhung.

Inzwischen ist jeder dritte Haushalt in Deutschland verschuldet. Auf den Straßen werden unzählige geleaste Autos gefahren von verschuldeten Personen, die infolge Jobverlust mit dem Abstottern ihrer hoch verzinsten Kredite nicht nachkommen. Die Banken ihrerseits bieten leichtfertig Dispokredite auch Jugendlichen an, damit diese sich ihre Markenartikel und Handys gönnen können. Denn jeder wird in seinem Sozialstatus nach dem definiert, was er hat und zeigen kann. Das System ist so eingerichtet, dass die Banken an den Zinsen verdienen, und wenn die Kunden nicht mehr zahlen können, verdienen die Schuldeneintreiber. Und Schufa-Eintragungen machen jede weitere Vertragsfähigkeit zunichte.

Es gibt Menschen, die leben, ohne wirklich zu arbeiten. Dann gibt es jene, die arbeiten, um zu leben. Doch immer mehr Leute müssen arbeiten, um zu überleben.

145 000 Deutsche haben 2007 das Land verlassen. Die Steuerlast war zu hoch. Tatsächlich steht Deutschland hinter Belgien an der zweithöchsten Stelle bei den Lohnabzügen.

Kriminelle Vorgehensweisen in einigen Großkonzernen und der Erfindungsreichtum bei der Verschachtelung von Briefkästenfirmen füllen meterweise Akten. Internet-Abzocker sind juristisch kaum belangbar, weil ihr Sitz auf irgendeiner Südsee-Insel liegt.

Bei solchen vom Staat geduldeten, vom Finanzsystem gestützten und vom Recht nicht einholbaren Machenschaften gehen die kleinen Betriebe unter und auch der Mittelstand kann seinen Platz nur schwer behaupten. Es geht nicht an, dass in einer Kleinstadt ein einziger asiatischer Ramschhändler in unzähligen Geschäften seine Waren zu Dumpingpreisen anbietet, während die wenigen anderen nicht mithalten können, weil sie hohe Personalkosten haben. Wer Billiglöhne zahlt und Zeitarbeiter einstellt, handelt auf Kosten derer, die noch eine marktwirtschaftliche Verantwortung zeigen. Charakter ist nicht mehr gefragt, nur noch Abzockermentalität.

Ein Reicher kann an förderungswürdige Vereine Spenden geben und dies infolge der Spendenquittung absetzen. Das ist okay. Verschenkt er sein Geld an eine arme Familie mit fünf Kindern, bekommt er keine Spendenquittung und kann es demzufolge auch nicht absetzen. So wird in der Regel der wirklich arme Bürger nicht erreicht. Die Deutschen, die durchaus sehr spendenfreudig sind, sehen keine wirklichen Erfolge ihrer Großzügigkeit, da das Geld irgendwo versickert und ein viel zu hoher Anteil von Verwaltungskosten geschluckt wird. Wenn Sie eine CD kaufen mit dem Aufdruck: 2 Euro gehen an das Kinderhilfswerk, dann landen tatsächlich 0,90 Euro dort.

„Eher geht ein Kamel durchs Nadelöhr als ein Reicher ins Himmelreich“, sagt Jesus (Mt 19,24).

Die sogenannten Zivilisierten und die kultivierten „Primitiven“

Zu lange haben wir hochnäsig auf die weniger sozial entwickelten Völker herabgeschaut und ihnen eine aufgeklärte Intelligenz abgesprochen. Noch heute gibt es unter uns Bürger, die tatsächlich meinen, alles, was schwarze Kraushaare und dunkle Haut hat, sei irgendwie unterentwickelt. Was der Mensch nicht kennt, macht ihm Angst. Immer noch gleicht die Zimmersuche eines Schwarzen in Bayern einem Spießrutenlauf.

Ich habe viel Zeit in den nordafrikanischen Ländern verbracht, habe kinderreiche Familien dort kennengelernt, las Bücher der amerikanischen Anthropologin Margared Mead.

Wenngleich die meisten Völker auf der Welt keine so hochentwickelte Technologie haben wie wir oder gar keine, so haben sie uns etwas ganz Wichtiges voraus: Sie sind naturverbunden und leben im Einklang mit ihr, in ihren Traditionen und Stämmen.

Im tiefsten Busch finden sich Menschen, die ihre Kinder liebevoll erziehen und dem Gehorsam eine andere Bedeutung geben als wir. Bei ihnen herrscht keinerlei Zwang, es gibt keine manipulativen Drohungen, die mit dem Entzug der Zuwendung oder des Gesprächs ein Kind zu bestimmten Verhaltensweisen zwingen wollen. Es zählt allein die Achtung der Alten, der Tradition und die Selbstachtung.

Es ist der ebenbürtige Umgang miteinander, der die Kommunikation nicht von oben nach unten, sondern auf gleicher Augenhöhe übt. Die Mütter tragen ihre Kinder auch bei der Feldarbeit mit sich; es gibt ständigen Hautkontakt.

Da käme niemand auf den Gedanken, seinen Selbstwert infrage zu stellen; auch wenn es den Geisterglauben gibt, der durchaus Angst erzeugt, so ist diese Angst keineswegs neurotischer Art, vielmehr eingebunden in den Lebensmut und in die Freude. Die Achtung dem Nächsten gegenüber ist die Basis der sozialen Geborgenheit. Alte und Kranke, Kinder und Krüppel werden geachtet und als vollwertige Mitglieder der Familie behandelt.

Wenn ein Tier getötet wird, dann ausschließlich zum Lebenserhalt und mit Respekt vor dessen Seele. Wird ein Baum gefällt, bittet man ihn um Verzeihung. Das Tier als Trophäe im Wohnzimmer aufzustellen wäre undenkbar; Angeberei und Statussymbole sind unbekannt, ausgenommen die Machtsymbole für den Stammesältesten und für den Medizinmann.

Der „primitive" = ursprüngliche Mensch kennt nur eine Angst: vor Verlust der Geborgenheit im Stamm. Diese Geborgenheit geht nicht verloren, wenn er krank oder hässlich oder arm oder verrückt ist oder etwas falsch gemacht hat; sie geht verloren, wenn er einen anderen tötet oder eine ansteckende Krankheit hat. Erst der Kontakt mit der Zivilisation bringt Unruhe hinein. Durch den Verlust ihres Landes sind die Indianer arbeitslos und viele von ihnen zu Alkoholikern geworden; die barbarischen Zivilisierten berauben sie ihrer Schätze und Ländereien aus Habgier und Eitelkeit.

Während wir die Kinder gern auf Gleichschritt dressieren, also auf angepasstes, sozial verträgliches und pflegeleichtes Verhalten, nehmen die „Primitiven“ die Andersartigkeit des anderen an.

Wenn die Mundugumors auf Neuguinea Meinungsverschiedenheiten austragen, dann fällen sie erst einen Baum, um ihre aggressive Energie konstruktiv zu nutzen. Danach setzen sie sich zum Palaver zusammen und klären die Sache in der Gruppe. Psychosomatische Erkrankungen sind selten. Die benachbarten Arapesh kennen dieses Baumfällen als zorndämpfendes Ritual nicht; bei ihnen sind Magengeschwüre sehr viel häufiger anzutreffen.

Eine Eipo-Mutter mit zwei Kindern, so schildert es der Verhaltensforscher Eibl-Eibesfeldt, lehrt ihre Kinder das Teilen, indem sie eine Frucht halbiert und beide Hälften ihrem Sohn gibt. Der gibt daraufhin eine Hälfte seiner Schwester. Wir hingegen geben direkt jedem seinen Anteil oder setzen den Imperativ: „Gib deiner Schwester die Hälfte“ oder entwerten das Kind: „Musst du immer nur an dich denken?“

Unsere Verachtung der Natur und ihre Ausbeutung hat längst perverse Ausmaße angenommen. Da stellt einer einen Weltrekord auf, indem er in zwölf Minuten sechsundsechzig Hotdogs verschlingt. Nach dem Sieg dieses Amerikaners rief der Moderator entzückt aus: „Ein großer Tag für Amerika!“

Wir zerstören unsere Feldfrüchte, schütten den Überfluss weg, veranstalten Fressorgien und bewerfen uns mit Tomaten, während ganze Völker verhungern. Wir bestaunen die „primitive“ Schnitzkunst afrikanischer und indianischer Künstler, weil sie so ursprünglich und bodenständig, farbenfroh und lebensvoll ist.

Gleichzeitig nennen wir ein nacktes, kopulierendes Paar auf dem Kölner Hauptaltar „Kunst“, so geschehen am 19.7.1996. Wir merken nicht einmal, wie dumm und verkommen wir geworden sind. Statt zu protestieren gegen diese beschämende Entwürdigung des Altares wurden die Fotoapparate gezückt.

Je mehr die Zivilisation in die letzten Winkel der Erde dringt, desto störanfälliger werden die aufgescheuchten Völker. Was hat denn die aufgeklärte Welt beigetragen zur Erhaltung der Identität dieser Menschen? Nichts. Sie hat sie ausgebeutet, bedroht und in ihrer Habgier viele ermordet. Bischof Erwin Kräutler aus Österreich, bei den Indios tätig, beklagt die zunehmende Rodung der transamazonischen Urwälder durch kriminelle Großgrundjäger, die auch ihn mehrfach mit dem Tod bedroht haben. Die Infantilität mutiert hier zur Kriminalität.

Es ist bemerkenswert, dass in vielen „primitiven" Völkern Eifersucht unbekannt ist. Möglicherweise liefern der lange enge Kontakt mit der Mutter, die Anerkennung in der Großfamilie und der früh schon geübte Umgang mit den älteren Geschwistern, die die Aufpasserrolle haben, dafür eine Erklärung.

Die Dogon in Afrika stillen ihre Kinder so lange und oft, wie sie Lust haben. Die Kinder der Hopi-Indianer hängen noch bis zum vierten Lebensjahr an der Brust ihrer Mutter. Es entsteht eine starke soziale Bindung, die wichtig ist für eine spätere Ablösung. Denn Ablösung kann nur gelingen, wenn vorher eine innige Bindung stattgefunden hat.

Körperliche Bestrafungen sind sehr selten; eher greift man zum Mittel der Abhärtung und setzt somit Sanktionen als nützliches Werkzeug für die spätere Schmerzunempfindlichkeit und Ausdauer ein. Die Burschen legen Wert darauf, gute Krieger und Jäger zu werden, die Mädchen wollen handwerklich geschickte, fleißige und treue Frauen werden.

Spontaneität und Aufrichtigkeit der Gefühle sind ihnen wichtiger als gute Manieren oder intellektuelle Leistungen. Die Hopi-Kinder sind zufriedener, lächeln häufiger und schreien weniger als die Kinder in der zivilisierten Welt.

Die Geschwister zwischen fünf und zwölf Jahren sorgen für das Baby und nehmen es überallhin mit.

Konkurrenzdenken, Eifersucht, Habgier oder Rechthaberei kommen selten vor; es ist möglich, dass einer neidisch wird, wenn der andere bessere Jagderfolge aufweist und damit bei den Frauen punktet. Insgesamt sind Selbstachtung und Fremdachtung besser ausgeprägt als bei uns. So verwundert es nicht, dass psychische Krankheiten wie Depressionen, Zwänge, Psychosen oder Sinnkrisen kaum vorkommen.

Unsere Zivilisation ist für diese Völker kein Geschenk, eher eine Bedrohung. Ich bekomme das Gefühl nicht los, dass zu viele in unserem Land die Suppe des Anstands mit der Gabel essen.

Lassen sich Persönlichkeitsdefizite therapeutisch beheben?

Wir müssen klar erkennen, dass in der Kindheit entstandene Mängel nur bedingt und teilweise korrigiert werden können. Eine nie durchlebte Trotzphase oder eine mangelhafte Erfahrung von Liebe werden immer wieder schmerzlich spürbar bleiben und eine ungestillte Sehnsucht aufrechterhalten. Man könnte es das ganz persönliche Kreuz nennen, das einer zu tragen hat. Damit dieser verwundete Mensch seine Wunde nicht immer wieder bei anderen sucht oder sie auf andere abladt, muss er seine Wunde kennen. Wir weisen am ersten Abend unserer Therapie auf das Märchen von Rumpelstilzchen hin, das solange unerkannt Macht ausüben kann, wie es anonym bleibt. Sobald jemand den Namen Rumpelstilzchens kennt, kann er über es verfügen und dessen Macht brechen.

Da viele emotionale Störungen auf einer misslungenen Ablösung vom Elternhaus beruhen, ist das Augenmerk auf Methoden gerichtet, die diese Abnabelung nachträglich ein Stück aufarbeiten können.

Wer sich hier ausschließlich in eine gesprächstherapeutische Behandlung begibt, wird kaum Erfolg haben; denn das Reden über die Not allein verändert nicht viel. Es erreicht den Kopf, nicht das Gemüt. Wir sind nicht überrascht, wenn Menschen mit emotionalen Defiziten nach einer jahrelangen Gesprächstherapie keinerlei Fortschritte machen. Auch lehnen wir die langen und teuren psychoanalytischen Methoden ab, sofern sie nur den kognitiven Bereich berühren. Auf vielen Psychologenkongressen, die ich besuche, bekomme ich diese Kritik an der Analyse ständig zu hören, natürlich nicht von den Analytikern selber. Wir sind der Auffassung, dass eine Therapie, die nach einem halben Jahr keine Veränderung zeigt, abgebrochen werden soll und dass eine länger als zwei Jahre dauernde Therapie äußerst fragwürdig erscheint.

Immer mehr setzt sich die Erkenntnis durch, dass ausgewählte, verschiedene Methoden gekoppelt und integriert werden müssen. Wir Therapeuten in der Heilenden Gemeinschaft halten die Gruppentherapie, die wir mit gestaltpsychologischen Elementen durchführen, für sehr wirksam in Verbindung mit anschließenden Einzelsitzungen. Darüber hinaus ist die körperliche Berührung, etwa in der Massage, beim Tanz, in der Körperarbeit, heilsam. Weitere Elemente sind: Bibliodrama, künstlerisches Arbeiten mit Farben, Musik und Entspannungsverfahren. Bei manchen Teilnehmern gehen wir über zur systemischen Therapie: die Bewusstmachung einer familiären Verstrickung und die Lösung derselben. Wichtig ist uns der Blick nach vorne. Eine zu lange Beschäftigung mit der Vergangenheit erscheint uns weder notwendig noch klug. Es geht um die Entdeckung verschütteter Ressourcen und um klare, konkrete Zielvorgaben: Was will ich als Nächstes tun? Wo liegen meine Fähigkeiten, meine Visionen? Von wem oder was muss ich mich lösen?

Wenn nach drei Wochen stationärer und sehr dichter Therapie, bei der maximal neunzehn Teilnehmer mit sechs Psychotherapeuten arbeiten, die Teilnehmer Bilanz ziehen, sind wir immer von Neuem über die Resultate überrascht. Sicher gibt es auch Teilnehmer, die wenig Erfolg zeigen.

Menschen, die sich bislang kaum abgrenzen konnten, können endlich „nein" sagen, ihre eigene Verantwortung erkennen. Patienten, die von sich selber nicht positiv sprachen und sich nichts zutrauten, lernen mutige Schritte und erfahren im Feedback der Gruppe unerkannte Qualitäten.

Sehr heilsam ist die Erfahrung, gewählt zu werden, Verantwortung anvertraut zu bekommen, neue Schritte zu wagen ohne die alte Angst vor Ablehnung. Es sind vorwiegend verhaltenstherapeutische Maßnahmen, die wir einsetzen.

Missbrauchte und gedemütigte Personen lernen, im Täter auch das Opfer zu sehen, und können durch Rollenspiele, auch in der Familienaufstellung, Zugang finden zu den blockierten Gefühlen. Wesentlich ist es, dass sie die Problemfelder dort belassen, wo sie hingehören: beim Täter.

Herr L. ist ein junger Mann, der unter der mütterlichen Abwesenheit sehr leidet. Er bekam zu wenig Zuwendung, weil die Mutter in der Landwirtschaft hart arbeitete und der Vater früh verstarb. Er hat seinen Zorn jahrelang unterdrückt und durch intensiven Sport kompensiert. Seine Mutter erfuhr er ausschließlich als tadelnde Frau, die nichts durchgehen ließ und ihm kaum Entscheidungsfreiheit gewährte. In der Gruppe löste eine ältere Teilnehmerin den in ihm unterdrückten Zorn aus. Ich forderte ihn auf, zu ihr hinzugehen und ihr seine Wut verbal entgegenzuschleudern:

„Sagen Sie ihr alles, was Ihnen auf dem Magen liegt und vor dem Sie bislang auf Ihrem Joggerpfad weggelaufen sind!“

Eine Eskapade von Vorwürfen, Empfindungen und Wünschen ging los. Am Schluss fiel er zu Boden und weinte. Das dauerte etwa zwei Minuten, dann sagte ich:

„Wollen Sie mit einer Geste oder mit einem Wort die Szene beenden?“

Er stand auf und umarmte die „Mutter“, lange und innig. Dann sagte er:

„Mutter, ich gehe jetzt. Ich danke dir für das, was du an Gutem getan hast. Ich werde nun mein Leben leben, und du darfst dein Leben leben. Wenn ich will, melde ich mich bei dir.“ Dann setzte er sich auf seinen Platz. Seit dieser Szene war er wie verwandelt. Die anderen, zutiefst betroffen von diesem Vorgang, erkannten auch bei sich Parallelen.

Wir haben natürlich Interesse daran, therapeutische Erfolge zu prüfen. So bitten wir alle Teilnehmer nach einem Jahr, einen Feedback-Bogen auszufüllen und uns zuzuschicken; außerdem laden wir alle nach zwei Jahren wieder zu einem Treffen ein. Einigen empfehlen wir eine ambulante Weiterbetreuung und vermitteln ihnen ortsansässige Therapeuten.

Noch wichtiger als die unterschiedlichen Methoden scheint uns die Persönlichkeit des Therapeuten zu sein. Wir legen im Team großen Wert auf die gemeinsame christliche Denkweise; in regelmäßigen Sitzungen besprechen wir die laufenden Fälle und tauschen uns aus. Die Teilnehmer müssen spüren, dass alle Therapeuten vom Menschen- und Gottesbild her am selben Strang ziehen. Es gab Zeiten, in denen das nicht immer der Fall war, und prompt spürten die Teilnehmer diesen Riss.

Der Patient selber muss gewisse Bedingungen erfüllen, wenn er tatsächlich vorankommen möchte auf dem Weg der Selbstwerdung. Sein Leidensdruck muss groß genug sein, um zu uns zu kommen; eine Krankheitseinsicht sollte vorhanden sein sowie die Bereitschaft zur Mitarbeit. Er muss keineswegs religiös oder gar kirchlich gebunden sein. In der Regel kommen zu uns aber Menschen, die den christlichen Aspekt in der Therapie suchen, hier vor allem ein befreiendes Gottesbild und eine Ermutigung zum Leben.

Infantilität ist immer Ausdruck einer unreifen Psyche. Nicht jeder, der als Kind gedemütigt wurde, ist zwangsläufig infantil. Niemand wird fertig in seiner Persönlichkeitsbildung; unser Selbstwertgefühl ist eine Dauerbaustelle. Erst die ständige Flucht vor Verantwortung und die auf andere übertragenen eigenen Defizite lassen die Unreife erkennen. Konfliktunfähigkeit, Querulantentum und Ichstärke auf Kosten anderer sind weitere Symptome.

Wir sind überzeugt davon, dass ein lädiertes Selbstwertgefühl auch durch eine befreiende Gottesbeziehung geheilt werden kann. Aber immer noch wird diese religiöse Dimension in den Therapien für gering geachtet. Darüber hinaus wirken bedingungslose Zuwendung und Achtung der Person, sei sie noch so gekränkt und verbittert, äußerst heilsam. Es ist die biblische Empfehlung, den Menschen das Gute zu sagen und zu tun, damit sie aufhören, schlecht zu sein. Doch machen wir immer noch den großen Fehler, unsere Gefühle zu investieren, statt sie zu verschenken.

Weiterführende Literatur:

Blüm, Norbert: Gerechtigkeit; Freiburg 2006. **Brizendine, Louann:** Das weibliche Gehirn; Hamburg 3/2007. **Cordes, Paul Josef:** Die verlorenen Väter; Freiburg o.J. **Dahlke, Ruediger:** Woran die Welt krankt; München 2006. **Dockendorff, Roswitha:** Wunden, die zum Leben führen; Vallendar 2007. **Ernst, Heiko:** Wie uns der Teufel reitet; Berlin 2006. **Fromm, Erich:** Authentisch leben; Freiburg 2/2006. **Gruen, Arno:** Der Verlust des Mitgefühls; München 6/2005. **Gürster, Eugen:** Die Macht der Dummheit; Freiburg 1974. **Hahne, Peter:** Schluss mit lustig; Lahr 76/2007. **Herman, Eva:** Das Eva-Prinzip; München 2006. **Heym, Georg:** Dichtung, Schriften III; München 1964. **Hirigoyen, Marie-France:** Die Masken der Niedertracht; München 5/2005. **Hoffmann, Jens:** Wenn die Hoffnung schwindet; in: Psychologie Heute 8/2002. **Hole, Günter:** Fanatismus; Freiburg 1995. **Jung, Matthias:** Generation Trash; in: Psychologie Heute 11/2003. **Juul, Jesper:** Aus Erziehung wird Beziehung; Freiburg 3/2005. **Mitscherlich, Alexander:** Auf dem Weg zur vaterlosen Ges.; München 1963. **Müller, Jörg:** Gehorsam um jeden Preis? Stuttgart 2/2005. Ders.: Der missverstandene Jesus – Weshalb das Christentum in erster Linie therapeutisch und nicht moralisch ist; Kiel 2006. **Nefiodow, Leo A.:** Der sechste Kondratieff; St. Augustin 6/2006. **Petri, Horst:** Das Drama der Vaterentbehrung; Freiburg 1999. **Plettenberg, Gabriele Gräfin (Hrsg):** Die Saat geht auf; Aachen 1995. **Rattner, Josef:** Der schwierige Mitmensch; Olten 1970. **Richter, Horst-Eberhard:** Wer nicht leiden will, muss hassen; München 1995. **Ringel, Erwin / Kirchmayer, Alfred:** Religionsverlust durch religiöse Erziehung; Wien 1985. **Williams, Paul:** Mein Weg zu Buddha und zurück; München 2006.

Weitere Bücher von Jörg Müller:

Gott heilt auch dich – Seelische und körperliche Heilung durch einen lebendigen Glauben *(ISBN 978-3-7984-0580-6)* √

Höre, was ich nicht sage – Die Aufdeckung unserer verschlüsselten Verhaltensweisen *(ISBN 978-3-7984-0753-9)* √

Ich habe dich gerufen – Meine Erfahrungen mit Gott *(ISBN 978-3-7984-0720-6)* √

Lebensängste und Begegnung mit Gott *(ISBN 978-3-7984-0614-8)* √

Der missverstandene Jesus – Weshalb das Christentum in erster Linie therapeutisch und nicht moralisch ist *(ISBN 978-3-7984-0783-1)* 0

Nein sagen können – Verständnis und Missverständnis christlicher Demut *(ISBN 978-3-7984-0775-6)* 0

Und heilt alle deine Gebrechen – Psychotherapie in christlicher Sicht *(ISBN 978-3-7984-0669-8)* √

Verrückt – Ein Christ hat Humor. 16 Kapitel gegen Mutlosigkeit *(ISBN 978-3-7984-0701-5)* √

Von Glücksvögeln und Pechpilzen – Weshalb sind so viele Menschen unglücklich? *(ISBN 978-3-7984-0776-3)* 0

Was kränkt, macht krank – Welche Bedeutung haben psychosomatische Erkrankungen? *(ISBN 978-3-7984-0759-2)* 0

Zur Unterscheidung der Geister – Wege zu geistlichem Leben *(ISBN 978-3-7984-0734-7)* 0